三修社

CD付

バッチリ話せる
ロシア語

すぐに使えるシーン別会話基本表現

小林 潔／ミハイル・トゥルヒーン 監修

CONTENTS

PART 1 ●すぐに使える！
ロシア語の基本《発音・文法・基本単語》

- ロシア語のアルファベットと発音 …… 10
- ロシア語の文法 …… 15
- 日常生活の基本単語 …… 38

PART 2 ●すぐに話せる！
ロシア語の頭出しパターン17

1. 「私は〜です」Я 〜. …… 50
2. 「私には〜です」Мне 〜. …… 51
3. 「あなたは〜ですか？」Вы 〜? …… 52
4. 「あなたには〜ですか？」Вам 〜? …… 53
5. 「これは〜です」Это 〜. …… 54
6. 「〜をお願いします」〜, пожалуйста. …… 55
7. 「〜はありますか？」У вас есть 〜? …… 56
8. 「〜できますか？」(許可)「してもいいですか？」Можно + 動詞 ? / Можно 〜? …… 57
9. 「いかに〜？」「どのように〜？」Как 〜? …… 58
10. 「〜したいのですが」Я хочу 〜. Я хотел / хотела бы 〜. …… 59

C·O·N·T·E·N·T·S

11. 「～がほしいのですが」 Я хочу ~. Я хотел / хотела бы ~. ……60
12. 「～するでしょう」「～でしょう」 Я буду ~. ……61
13. 「～しよう！」「～しましょう！」 Давайте ~! ……62
14. 「いくつ（数）」「どのくらい（量）」 Сколько + 名詞？ ……63
15. 「だれ？」「いつ？」 Кто ~? / Когда ~? ……64
16. 「何？」 Что ~? ……65
17. 「どこ？」「なぜ？」 Где ~? / Почему ~? ……66

PART 3 ●すぐに話せる！
よく使うロシア語の基本・日常表現

1. 日常のあいさつ ……68
2. 別れぎわの一言 ……72
3. 感謝する／あやまる ……74
4. はい／いいえ ……76
5. 感情を伝える ……78
6. 自己紹介する／挨拶をする ……80
7. ロシア語 ……88
8. 趣味 ……90
9. 天気 ……92
10. 訪問する【単語…職業・国籍・趣味・天気 98】 ……94

CONTENTS

PART 4 ●すぐに話せる！
ロシア旅行重要フレーズ

- 11. 機内で・空港で　……………………………………………… 102
- 12. 入国審査・税関【単語…機内／税関・空港 108】　……… 104
- 13. 交通機関〈タクシー〉　…………………………………… 110
- 14. 交通機関〈電車・地下鉄・バス〉【単語…交通機関 120】　… 112
- 15. ホテルで〈チェックイン〉　……………………………… 122
- 16. ホテルで〈フロントとのやりとり①〉　………………… 126
- 17. ホテルで〈フロントとのやりとり②〉【単語…ホテル 130】　… 128
- 18. レストランで【単語…レストラン 142】　……………… 132
- 19. ファストフードで　………………………………………… 146
- 20. ショッピング〈品物を探す〉　…………………………… 148
- 21. ショッピング〈支払い〉【単語…ショッピング 156】　… 154
- 22. 観光する・道をたずねる　………………………………… 158
- 23. 観戦・観劇【単語…観光・観戦・観劇 170】　………… 166
- 24. 両替する　…………………………………………………… 172
- 25. 郵便局で【単語…両替・郵便・電話 176】　…………… 174
- 26. 電話　………………………………………………………… 178
- 27. 盗難・紛失　………………………………………………… 182
- 28. 病気・診察・薬局【単語…紛失・盗難／病気・診察・薬局 190】… 186

本書の活用法

《5つのバッチリ》で
ロシア語の「話す・聞く」を集中マスター

❶ バッチリ！発音と文法の基本がスッキリとマスター！
❷ バッチリ！聞き取りに慣れる！
❸ バッチリ！頭出しパターンを使って効率マスター！
❹ バッチリ！日常＆旅行の必須表現を速攻マスター！
❺ バッチリ！基本単語がテーマ別に覚えられる！

◆ PART 1
すぐに使える！
ロシア語の基本
《発音・文法・基本単語》

PART1では，最初に知っておきたいロシア語の基本知識（発音・文法）についてわかりやすく説明しています。最初は，概要を知るだけで大丈夫です。また，日常よく使う数字・時刻，曜日，月などの基本単語を紹介しています。

◆ PART 2
すぐに話せる！ロシア語の頭出し基本パターン17

PART2では、「～がほしい」とか「～したい」といった相手に伝えたい気持ちの表現を頭出しパターンにまとめました。ひとつひとつ解説するとともに、差し替え例文（ロシア旅行や日常会話場面でのフレーズ）で使い方になれることができるように工夫しています。まずはこの17の頭出しパターンを覚えていきましょう。

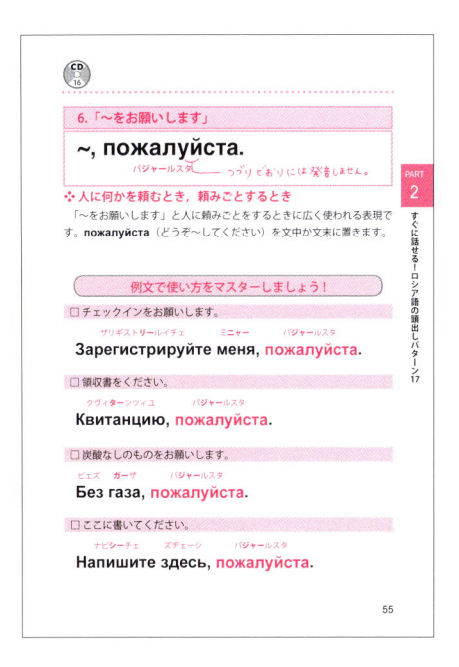

CD 16

6.「～をお願いします」

~, пожалуйста.
パジャールスタ っつ「り」どおりには発音しません。

❖ 人に何かを頼むとき、頼みごとするとき

「～をお願いします」と人に頼みごとをするときに広く使われる表現です。пожалуйста（どうぞ～してください）を文中か文末に置きます。

例文で使い方をマスターしましょう！

☐ チェックインをお願いします。
　ザリギストリールイチェ　ミニャー　パジャールスタ
　Зарегистрируйте меня, пожалуйста.

☐ 領収書をください。
　クヴィターンツィユ　パジャールスタ
　Квитанцию, пожалуйста.

☐ 炭酸なしのものをお願いします。
　ビェズ　ガーザ　パジャールスタ
　Без газа, пожалуйста.

☐ ここに書いてください。
　ナピシーチェ　ズジェーシ　パジャールスタ
　Напишите здесь, пожалуйста.

55

◆ PART 3
すぐに話せる！よく使うロシア語の基本・日常表現

PART3では、あいさつや日常表現をテーマ別に紹介しています。

基本表現と日常生活で使われる頻度の高いフレーズを中心に構成されており、表現はできるだけシンプルで、応用の利くものが中心です。

表現に関するポイントをメモにしてアドバイスしています。

また、基本パターンのフレーズには、色をつけて覚えやすくしています。

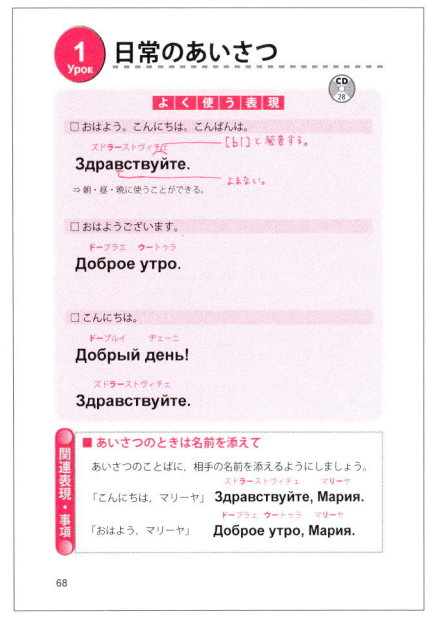

Урок 1　日常のあいさつ

CD 28

よく使う表現

☐ おはよう。こんにちは。こんばんは。
　ズドラーストヴィチェ　　　【ы】で発音する。
　Здравствуйте.　　　　よぶない。
　⇒ 朝・昼・晩に使うことができる。

☐ おはようございます。
　ドーブラェ　ウートゥラ
　Доброе утро.

☐ こんにちは。
　ドーブルィ　ヂェーニ
　Добрый день!
　ズドラーストヴィチェ
　Здравствуйте.

関連表現・事項　■ あいさつのときは名前を添えて

あいさつのことばに、相手の名前を添えるようにしましょう。
「こんにちは、マリーヤ」　ズドラーストヴィチェ　マリーヤ　**Здравствуйте, Мария.**
「おはよう、マリーヤ」　ドーブラェ　ウートゥラ　マリーヤ　**Доброе утро, Мария.**

68

7

◆ PART 4
すぐに話せる！ロシア旅行重要フレーズ

　PART4では，ロシア旅行で役立つフレーズを場面別に豊富に紹介しています。

　さらに，必要に応じて表現に関するポイントをメモまたは注として示し，効率よく学習できるように工夫しています。

◆本書の活用にあたって◆

◆本書付属のCDをくり返し聴いてマスターしましょう！

　本書では，ロシア語入門者の方のために読み方の補助としてカタカナルビをつけました。このルビはあくまでも発音のヒント（発音記号ではありませんから完璧な表記ではないことをお断りしておきます）ですから，付属のCDを繰り返し聴いてマスターしましょう。

　そのとき，声を出して練習してください。それが上達の早道です。

PART 1
すぐに使える！
ロシア語の基本
《発音・文法・基本単語》

ロシア語のアルファベットと発音

◆ロシア語では以下の33個のキリル文字が用いられています。

CD 01

文字		名称	発音
А	а	アー	[ア]
Б	б	ベー	[ブ]
В	в	ヴェー	[ヴ]
Г	г	ゲー	[グ]
Д	д	デー	[ドゥ]
Е	е	ィエー	[ィエ]
Ё	ё	ヨー	[ヨ]
Ж	ж	ジェー	[ジ]
З	з	ゼー	[ズ]
И	и	イー	[イ]
Й	й	イー・クラートカエ	[イ]
К	к	カー	[ク]
Л	л	エル	[ル]
М	м	エム	[ム]
Н	н	エン	[ヌ]
О	о	オー	[オ]
П	п	ペー	[プ]

文字		名称	発音
Р	р	エル	[ル]
С	с	エス	[ス]
Т	т	テー	[トゥ]
У	у	ウー	[ウ]
Ф	ф	エフ	[フ] [f]
Х	х	ハー	[フ] [x]
Ц	ц	ツェー	[ツ]
Ч	ч	チェー	[チ]
Ш	ш	シャー	[シュ]
Щ	щ	シシャー	[シ]
Ъ	ъ	トヴョールドゥイ・ズナーク	
Ы	ы	ウイ	[ウイ]
Ь	ь	ミャーフキー・ズナーク	
Э	э	エー	[エ]
Ю	ю	ユー	[ユ]
Я	я	ヤー	[ヤ]

発音

ロシア語のアルファベットは全部で 33 文字あります。10 個の母音字と 21 個の子音字と 2 個の記号です。

文字の発音

ロシア語は，子音と母音の組み合わせが基本で，しかも各文字がかなり規則的に発音されるので，ローマ字のように文字どおりに読みます。

ただし，いくつかの規則と例外的な発音がありますから注意が必要です。

▶母音字（10 個）

唇をまるめて強く

硬母音字	а [ア]	ы [ゥイ]	у [ウー]	э [エ]	о [オ]

軟母音字	я [ヤ]	и [イ]	ю [ユ]	е [ィエ]	ё [ヨ]

日本語のア行に近い。
ヤ行に近い。

▶子音字（21 個）

子音には，有声子音（濁音）と無声子音（清音）があります。

有声子音	б в г д ж з	й л м н р	
無声子音	п ф к т ш с		х ц ч щ

有声・無声以外の発音のしかたは同じです。

PART 1 すぐに使える！ロシア語の基本《発音・文法・基本単語》

▶記号

ъ 硬音記号

子音と母音の間において，それらの子音と母音を分離して発音します。

※ **Синъити**（シンイチ）「ъ」の文字は，**Синити** [シニチ] とならないようにするためです。

ь 軟音記号

この記号の直前にくる子音を変えます（軟音化する）。

царь [ツァーリ] 皇帝

「イ」の口の構えで言う（けれどもイとはっきり言わない）。

▶アクセント

ロシア語の単語には必ずアクセントがあり，単語ごとに決まっています。

アクセントのある母音は，はっきりと強くしかも長めに発音され，その他の母音は，弱くあいまいに発音されます。

Япония [イポーニャ]　　日本

глаза [グラザー]　　両目

▶ 発音の規則

（1）アクセントのない о は［ア］に近い発音になります。

Mо**сква**　モスクワ
［マスク**ヴァー**］
　　ここが弱くなる

（2）アクセントのない е と я は［イ］に近い発音（語尾では多く［ィエ／ヤ］と発音する）になります。

Япо**ния**　日本
［イ**ポー**ニヤ］
　　ここが弱い

（3）無声子音の直前の有声子音は，対応の無声子音となります。

зав**тра**　明日
［**ザー**フトゥラ］
　　ф の発音

（4）語末にくる有声子音は，対応する無声子音となります。

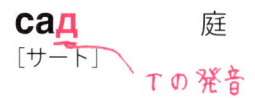

сад　庭
［**サー**ト］
　　т の発音

ь がついても同じ。

кровь　血
［**クロー**フィ］
　　фь の発音

（5）有声子音（в を除く）の直前の無声子音は，対応の有声子音となります。

вок**зал**　駅
［ヴァグ**ザール**］
　　г の発音

しかし，

Москва［マスク**ヴァー**］
　　　変化しない

正書法の規則

以下の 7 つの子音字の後では母音字の書き方について決まりがあります。

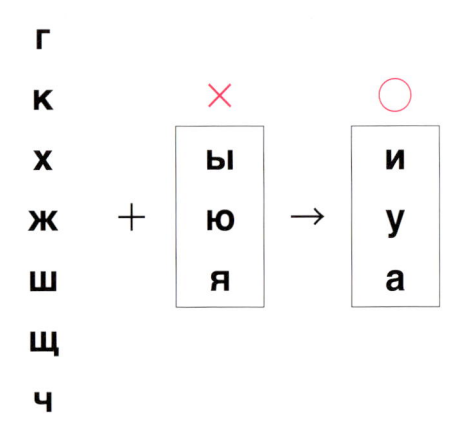

```
г
к           ×        ○
х         ┌───┐   ┌───┐
ж  +     │ ы │   │ и │
ш         │ ю │→ │ у │
щ         │ я │   │ а │
ч         └───┘   └───┘
```

г к х の後には ы ではなく и を書き，ж ш щ ч の後には ы ю я ではなく и у а を書きます。

たとえば г の後に ы を書くことはなく ги と綴ります。
この規則はあらゆる場合に当てはまります。

複数形での例

газета [ガゼータ] 新聞 → **газеты** [ガゼートゥイ]

книга [クニーガ] 本 → **книги** [クニーギ]

なお ц の後には ю я э ではなく，у а е と書きます。

ロシア語の文法

名詞

　ロシア語の名詞には，**男性**，**女性**，**中性**の3つの性と単数・複数の区別があります。ロシア語の名詞の性は，単語の末尾の文字で見分けることができます。

	語尾	例
男性名詞	子音，-й, -ь	сад［サート］庭 трамвай［トラムヴァーイ］トラム словарь［スラヴァーリ］辞書
女性名詞	-а, -я, -ь	газета［ガゼータ］新聞 шея［シェーヤ］首 соль［ソーリ］塩
中性名詞	-о, -е, -мя	вино［ヴィノー］ワイン море［モーリェ］海 имя［イーミャ］名前

　-ьで終わるものは単語ごとに男性名詞か女性名詞かが決まっています。

■単数形と複数形

男性名詞		女性名詞		中性名詞	
単数	複数	単数	複数	単数	複数
-子音 →	+ы / +и	-а →	-ы / -и	-о →	-а
-й / -ь →	-и	-я / -ь →	-и	-е →	-я
				-мя →	-мена

※アクセントが移動する場合があります。

■名詞の格変化

　名詞の文中での役割のことを**格**といいます。日本語では，語尾に助詞（てにをは）をつけて，名詞の役割を決定していますが，ロシア語にはそれに相当する語はなく，名詞そのものを変化させることで，名詞の役割を決定します。

　ロシア語の格は，主格・生格・与格・対格・造格・前置格の6種類があります。その主な役割は次のようなものです。

　　◇ **主　格** …「〜は」「〜が」　　⇒ 主語または述語となる。

　　◇ **生　格** …「〜の」　　　　　　⇒ 所有・所属などを表す。

　　◇ **与　格** …「〜に」「〜へ」　　⇒ 間接目的語などを表す。

　　◇ **対　格** …「〜を」「〜で」　　⇒ 直接目的語などを表す。

　　◇ **造　格** …「〜をもって」　　　⇒ 道具や手段などを表す。

　　◇ **前置格** …「〜に」「〜で」　　⇒ 前置詞との組み合わせで用いる。
　　　　　　　　　　　　　　　　　　　　場所や話題などを表す。

したがって，ひとつの単語に 12 の形があります。
（単数・複数 × 6つの格）

※ 単数形の男性名詞，女性名詞，中性名詞および複数形でそれぞれの変化パターンが決まっています（アクセントの移動がある場合があります）。

※ 人や動物を表す名詞（活動体）の場合，それ以外の場合（不活動体）で格変化が異なります。
前者の場合，男性単数および複数形で主格形＝生格形，後者の場合は性・数にかかわらず主格形＝対格形。

語幹に以下の語尾をつけます（基本パターン）。

		男性					中性			女性			
単数	主格	-	-й/-ь	-о	-е	-мя	-а	-я	-ь	-ия
	生格	-а	-я	-а	-я	-мени	-ы	-и	-и	-ии
	与格	-у	-ю	-у	-ю	-мени	-е	-е	-и	-ии
	対格	主／生	主／生	主	主	主	-у	-ю	-ь	-ию
	造格	-ом	-ем	-ом	-ем	-менем	-ой	-ей	-ью	-ией
	前置格	-е	-е	-е	-е	-мени	-е	-е	-и	-ии
複数	主格	-ы	-и	-а	-я	-мена	-ы	-и	-и	-ии
	生格	-ов	-ев/-ей	-	-ей	-мён	-	-ь	-ей	-ий
	与格	-ам	-ям	-ам	-ям	-менам	-ам	-ям	-ям	-иям
	対格	主／生	主／生	主	主	主	主／生	主／生	主／生	主／生
	造格	-ами	-ями	-ами	-ями	-менами	-ами	-ями	-ями	-иями
	前置格	-ах	-ях	-ах	-ях	-менах	-ах	-ях	-ях	-иях

-ий, -ие の単数前置格は -ии; -ие, -ье の複数生格は -ий; -я の複数生格は母音の後だと -й.
その他、アクセントの有無などによって形が変わるものや例外が幾つかある。

（例）

男性名詞

◆ **стол** ［ストール］（机）

	主格	生格	与格	対格	造格	前置格
単数	стол ストール	стола スタラー	столу スタルー	стол ストール	столом スタローム	столе スタレー
複数	столы スタルィ	столов スタローフ	столам スタラーム	столы スタルィ	столами スタラーミ	столах スタラーフ

この語は格変化するとアクセントが移動します。

人称代名詞

	単数	複数
1人称	**я**（私は） ヤー	**мы**（私たちは） ムィ
2人称	**ты**（君は） トゥィ **вы**（あなたは） ヴィ	**вы**（君たちは，あなたたちは） ヴィ
3人称	**он**（彼は） オン **она**（彼女は） アナー **оно**（それは） アノー	**они**（彼［女］らは，それらは） アニー

　表中は全て主格形です。"**вы**"は敬称としても使われます。敬称としての"**вы**"は，文中でも"**Вы**"のように大文字で書き始めることがあります。

　3人称代名詞はそれぞれ男性名詞，女性名詞，中性名詞，複数名詞をうけるものとしても使われます。

敬称として、
一人の相手にも使います。

■ 人称代名詞の格変化

	私	君	彼 (それ)	彼女 (それ)	それ	私たち	あなた (あなた方)	彼ら (それら)
主格 (〜は)	я ヤー	ты トゥイ	он オン	она アナー	оно アノー	мы ムィ	вы ヴィ	они アニー
生格 (〜の)	меня ミニャー	тебя チビャー	его イヴォー	её イヨー	его イヴォー	нас ナース	вас ヴァス	их イフ
与格 (〜に)	мне ムニェ	тебе チビェー	ему イムー	ей イェイ	ему イムー	нам ナーム	вам ヴァム	им イム
対格 (〜を)	меня ミニャー	тебя チビャー	его イヴォー	её イヨー	его イヴォー	нас ナース	вас ヴァス	их イフ
造格 (〜によって)	мной ムノーイ	тобой タボーイ	им イム	ей イェイ	им イム	нами ナーミィ	вами ヴァーミィ	ими イーミ
前置格 (〜は)	мне ムニェ	тебе チビェー	нём ニョーム	ней ニェイ	нём ニョーム	нас ナース	вас ヴァス	них ニフ

3人称代名詞の生・与・対・造格は前に前置詞があると н がつきます。

（例） **у него 〜**　　　前置詞 **у** の後なので **него**
　　　ウ ニ**ヴォー**

его の発音に注意！

前置格形は常に前置詞とともに使われるので，н をつけた形で示しています。

■所有代名詞の種類

「私の」や「君の」にあたる所有主を表す代名詞を所有代名詞といいます。後ろにくる名詞の性と数と一致する形を使います。

所有代名詞			
私の	男性 女性 中性 複数	мой моя моё мои	モイ マヤー マヨー マイー
君の	男性 女性 中性 複数	твой твоя твоё твои	トヴォイ トヴァヤー トヴァヨー トヴァイー
私たちの	男性 女性 中性 複数	наш наша наше наши	ナーシ ナーシャ ナーシェ ナーシィ
あなた(方)の	男性 女性 中性 複数	ваш ваша ваше ваши	ヴァーシ ヴァーシャ ヴァーシェ ヴァーシィ

※手書きメモ：注意 йとиの違い

「彼の」は его [イヴォー]、「彼女の」は её [イヨー]、「彼らの」は их [イフ] で、後ろにくる名詞の性・数・格によって形が変わることはありません。

※手書きメモ：人称代名詞の変化形と同形！

■所有代名詞の格変化

後ろに続く名詞の格に合わせて，所有代名詞は次のような格変化をします。

◆ мой 私の

	男性	女性	中性	複数
主格 (〜は)	мой モイ	моя マヤー	моё マヨー	мои マイー
生格 (〜の)	моего マイヴォー	моей マイェーイ	моего マイヴォー	моих マイーフ
与格 (〜に)	моему マイムー	моей マイェーイ	моему マイムー	моим マイーム
対格 (〜を)	主/生	мою マユー	моё マヨー	主/生
造格 (〜によって)	моим マイーム	моей マイェーイ	моим マイーム	моими マイーミ
前置格	моём マヨーム	моей マイェーイ	моём マヨーム	моих マイーフ

твой (君の) は同じパターンで変化します。

(例) こちらは私の妻です。
　　エータ　マヤー　ジナー
Это моя жена.

моего / твоего の発音に注意。

(例) カードを無効にしてください。
　　ザブラ**キー**ルイチェ　　　パジャールスタ　　　マ**ユー**　**カー**ルタチクゥ
Заблокируйте, пожалуйста, мою карточку.

人や動物を表す名詞と使われる場合は、
*　　生格形 = 対格形*
*　　それ以外は主格形 = 対格形*

◆ **наш** 私たちの

	男性	女性	中性	複数
主格 (〜は)	**наш** ナーシ	**наша** ナーシャ	**наше** ナーシェ	**наши** ナーシィ
生格 (〜の)	**нашего** ナーシヴァ	**нашей** ナーシェィ	**нашего** ナーシヴァ	**наших** ナーシフ
与格 (〜に)	**нашему** ナーシムゥ	**нашей** ナーシェィ	**нашему** ナーシムゥ	**нашим** ナーシム
対格 (〜を)	主/生	**нашу** ナーシュ	主/生	主/生
造格 (〜によって)	**нашим** ナーシム	**нашей** ナーシェィ	**нашим** ナーシム	**нашими** ナーシミ
前置格	**нашем** ナーシェム	**нашей** ナーシェィ	**нашем** ナーシェム	**наших** ナーシフ

ваш [ヴァーシ]（あなた [方] の，君たちの）の変化も同じパターン。

■指示代名詞の格変化

◆ **этот** この

	男性	女性	中性	複数
主格 (〜は)	**этот** エータット	**эта** エータ	**это** エータ	**эти** エーチ
生格 (〜の)	**этого** エータヴァ	**этой** エータィ	**этого** エータヴァ	**этих** エーチフ
与格 (〜に)	**этому** エータムゥ	**этой** エータィ	**этому** エータムゥ	**этим** エーチム

対格 （〜を）	主/生	эту エートゥ	主/生	主/生
造格 （〜によって）	этим エーチム	этой エータィ	этим エーチム	этими エーチミ
前置格	этом エータム	этой エータィ	этом エータム	этих エーチフ

ого の発音に注意。
前置詞 **о** ＋ 前置格の時，前置詞は **об** になります。
（例） **об этом** ［アベータム］

中性主格形の **это** は
Это книга.（これは本です）の **это** と同形異義。
тот ［トート］（あれ）の変化も同じパターン。

■疑問詞の格変化

◆ **кто** 誰？

主格（〜は）	**кто**	クトー
生格（〜の）	**кого**	カヴォー
与格（〜に）	**кому**	カムー
対格（〜を）	**кого**	カヴォー
造格（〜によって）	**кем**	ケェーム
前置格	**ком**	コーム

◆ **что** 何？

発音は што

主格（〜は）	**что**	シトー
生格（〜の）	**чего**	チヴォー
与格（〜に）	**чему**	チムー
対格（〜を）	**что**	シトー
造格（〜によって）	**чем**	チェーム
前置格	**чём**	チョーム

◆ **чей** 誰の？（次にくる名詞の性と数で形がかわります）

男性	女性	中性	複数
чей	**чья**	**чьё**	**чьи**
チェイ	チヤー	チョー	チイー

形容詞

形容詞は所有代名詞と同じように後ろに続く名詞の性・数によって変化します。

	形容詞の語尾	例	
男性	-ый	**новый**（新しい） ノーヴィ	
	-ой	**большой**（大きい） バリショーィ	
	-ий	**хороший**（良い） ハローシィー	
		синий（青い） スィーニィー	
女性	-ая	**новая**（新しい） ノーヴァヤ	**большая**（大きい） バリシャーヤ
	-яя	**хорошая**（良い） ハローシャヤ	**синяя**（青い） スィーニャヤ
中性	-ое	**новое**（新しい） ノーヴァエ	**большое**（大きい） バリショーエ
	-ее	**хорошее**（良い） ハローシィェ	**синее**（青い） スィーニェエ
複数	-ые	**новые**（新しい） ノーヴィェ	**большие**（大きい） バリシィーエ
	-ие	**хорошие**（良い） ハローシィェ	**синие**（青い） スィーニィエ

■形容詞の格変化

形容詞は名詞と同様に性・数・格によって変化します。語幹は変わらず，語尾が変わります（名詞と同様です）。

◆ новый 新しい

	男性 нов-ый 語幹-語尾	女性 нов-ая 語幹-語尾	中性 нов-ое 語幹-語尾	複数 нов-ые 語幹-語尾
主格	новый ノーヴィ	новая ノーヴァヤ	новое ノーヴァエ	новые ノーヴィエ
生格	нового ノーヴァヴァ	новой ノーヴァイ	нового ノーヴァヴァ	новых ノーヴィフ
与格	новому ノーヴァムー	новой ノーヴァイ	новому ノーヴァムー	новым ノーヴィム
対格	主/生	новую ノーヴユ	новое ノーヴァエ	主/生
造格	новым ノーヴィム	новой ノーヴァイ	новым ノーヴィム	новыми ノーヴィミ
前置格	новом ノーヴァム	новой ノーヴァイ	новом ノーヴァム	новых ノーヴィフ

-ий, -яя, -ее, -ие, -ой で終わる形容詞の変化は硬軟母音字の対応と正書法の規則で導き出せます。

 －ого の発音に注意。

動詞

■動詞には不完了体と完了体がある

　進行・継続・反復する動作，動作そのものなど（「食べている」「読む」のような）を表すのが不完了体（〜している）（〜したことがある）（ふつうする）。

　1回限りの動作や，その開始と終了がはっきりと意識できる一まとまりの動作など（日本語で言えば「食べてしまう」「読み切る」のような）を表すのが完了体（〜してしまう）。

　不完了体　　例：**ждать** [ジュダーチ]（待つ）
　完了体　　　例：**подождать** [パダジダーチ]（〜をしばらく待つ）

辞書ではその動詞が不完了体なのか，完了体なのかが示されています。

■不完了体と完了体の時制

　過去形，現在形，未来形がありますが，英語のような進行形や助動詞を使った完了形はありません。

	過去	現在	未来
不完了体	○	○	○
完了体	○		○

　不完了体には3つの時制があります。完了体には過去形と未来形があります。この未来形は形としては現在形です（日本語でも「やる」と非過去形でいうと未来の意味になりますね）。

■動詞の現在形

　動詞の現在形は，主語の人称と数に合わせて変化します。変化する前の動詞の形を「不定形」（英語の to 不定詞に相当する）といい，大部分は **-ть** で終わります。

　　例えば，**гуля**ть（散歩する）の **гуля**

　　　　　　готовить（準備する）の **готов**

を現在語幹といいます。
この語幹に，人称に応じた語尾を付けて変化させます。

不定形と現在形の語幹の形が違うことがありますので注意しましょう。
人称によって変化形のアクセントの位置が違うことがあります。

◎「E 式変化」動詞　語尾に **e** が現れます。

◆ **понимать**（理解する）　　**понима-** が現在語幹
パニマーチ

	単数	複数
1人称	я понимаю パニマーユ	мы понимаем パニマーィム
2人称	ты понимаешь パニマーィエシ	вы понимаете パニマーィチェ
3人称	он понимает パニマーィト	они понимают パニマーユト

（→ 変化語尾）

（例）**гулять**（散歩する）　　**работать**（働く）　　**делать**（する，作る）
　　　グリャーチ　　　　　　ラボータチ　　　　　　ヂェーラチ

（3人称の欄に手書き：）она / оно の時も同じ形

（右側に手書き：）ют となる

(例) **Да, я понимаю.**（はい，わかります）
　　 ダー　ヤー パニ**マー**ユ

(例) **Телевизор не работает.**（テレビが故障しています）
　　 チリ**ヴィー**ザル　　　 ニェ ラ**ボー**タィト

(例) **Я работаю на фирме.**（私は会社に勤めています）
　　 ヤー ラ**ボー**タユ　　 ナ　**フィー**ルミェ

◎ 「и 式変化」動詞　語尾に и が現れます。

◆ **смотреть**（見る）　　**смотр-** が現在語幹
　　 スマト**リェー**チ

※1人称単数だけアクセントが語尾にある。

	単数		複数	
1人称	я	**смотрю** スマト**リュー**	мы	**смотрим** ス**モー**トリム
2人称	ты	**смотришь** ス**モー**トリシ	вы	**смотрите** ス**モー**トリチェ
3人称	он	**смотрит** ス**モー**トリト	они	**смотрят** ス**モー**トリャト

※ятとなる

(例) **говорить**（話す）　　**стоять**（立っている）　　**курить**（喫煙する）
　　 ガヴァ**リー**チ　　　　　 スタ**ヤー**チ　　　　　　　 ク**リー**チ

(例) **Мы говорим по-русски.**（私たちはロシア語を話します）
　　 ムィ　ガヴァ**リー**ム　パ**ルー**スキ

(例) **Есть ли кто-нибудь, кто говорит**
　　 イェースチ リ　ク**トー**ニブッチ　　　　 ク**トー** ガヴァ**リー**ト

　　 по-японски?（日本語を話せる人はいますか？）
　　 パイ**ポー**ンスキ

◎動詞の不規則変化

◆ **любить** ［リュビーチ］（愛する，好きである）

ю という語尾 アクセントは語末

アクセントは語幹

	単数	複数
1人称	я **люблю** リュブ**リュー**	мы **любим** **リュー**ビム
2人称	ты **любишь** **リュー**ビッシ	вы **любите** **リュー**ビチェ
3人称	он **любит** **リュー**ビット	они **любят** **リュー**ビャト

◆ **хотеть** ［ハチェーチ］（〜欲しい，〜したい）

	単数	複数
1人称	я **хочу** ハ**チュー**	мы **хотим** ハ**チー**ム
2人称	ты **хочешь** **ホー**チィシ	вы **хотите** ハ**チー**チェ
3人称	он **хочет** **ホー**チィト	они **хотят** ハ**チャー**ト

不規則な変化ですが、きわめて重要な語です。

◆ **мочь** ［モーチ］（できる）

	単数	複数
1人称	я **могу** マ**グー**	мы **можем** **モー**ジム
2人称	ты **можешь** **モー**ジシ	вы **можете** **モー**ジチェ
3人称	он **может** **モー**ジット	они **могут** **モー**グット

動詞不定形と一緒に使います。

（例）**Я могу говорить по-русски.**
　　　ヤー マ**グー**　　ガヴァ**リー**チ　　パ**ルー**スキ

（私はロシア語を話すことができる）

■動詞の過去形

動詞の過去形は，主語の性と数に合わせて変化します。
大部分は不定形の語幹に語尾 **-л**（男性），**-ла**（女性），**-ло**（中性），**-ли**（複数）を付けて変化させます。

◆ **говорить** [ガヴァ**リー**チ]（話す）

	男性	女性	中性
単数	**говорил** ガヴァ**リー**ル	**говорила** ガヴァ**リー**ラ	**говорило** ガヴァ**リー**ラ
複数		**говорили** ガヴァ**リー**リ	

（例）**Я забыл [забыла] кое-что в номере.**
　　　ヤー ザ**ブィ**ル　　ザ**ブィ**ラ　　コエシ**トー**　　ヴ **ノー**ミリェ

（私は部屋に忘れ物をしました）[男／女]

主語（私）が女性なら
この形を使います。
以下同じ。

（例）**Я потерял [потеряла] паспорт.**
　　　ヤー パチ**リャー**ル　　パチ**リャー**ラ　　**パー**スパルト

（私はパスポートをなくしました）[男／女]

動詞 **быть**「～がある［いる］，～である」

現在

英語の be 動詞にあたるコピュラ動詞（…である）は **быть**［ブィチ］です。ただし，ロシア語では現在形は基本的には使われません。

（例）**Я чайка.**（私はかもめ）
　　　ヤー チャーイカ

すなわち，「A は B です」という文を作るときは，語を並べるだけで文になります。A，B の両方とも名詞のときは，間に — を書くのがふつうです。

（例）**Время — деньги.**（時は金なり）
　　　ヴリェーミャ ヂェーニギ

所有を表す場合は **быть** の現在形 **есть** を用います。

（例）**У меня есть машина.**（私は自動車を持っています）
　　　ウ ミニャー イェースチ マシーナ

（手書き注）私のところに／あります／自動車

過去

過去を表す場合には，**主語の性と数に合わせて変化した過去形**を用います。

（手書き注）アクセントは語尾

男性	女性	中性	複数
был ブィル	была ブィラー	было ブィラ	были ブィリ

（例）**Вчера была суббота.**（昨日は土曜日でした）
フチェ**ラー** ブィ**ラー** ス**ボー**タ
昨日　　　　　　　　　「土曜日」← これが主語

否定の場合は **не** を前につけます。女性形以外では **не** にアクセントがあります。

男性	女性	中性	複数
не был ニェー ブィル	**не была** ニ ブィ**ラー**	**не было** ニェー ブィラ	**не были** ニェー ブィリ

未来

未来を表す場合には，主語の人称と数に合わせて変化した未来形を用います。

	単数	複数
1人称	я　буду ブー**ドゥー**	мы　будем **ブー**ヂィム
2人称	ты　будешь **ブー**ヂッシ	вы　будете **ブー**ヂィチェ
3人称	он　будет **ブー**ヂィト	они　будут **ブー**ドゥット

（例）**Какая погода будет завтра？**
カ**カー**ヤ　パ**ゴー**ダ　　ブー**ヂ**ィト　**ザー**フトゥラ
（明日の天気はどうですか？）

（例）**Завтра будет облачно.**（明日は曇りです）
ザーフトゥラ　**ブー**ヂィト　**オー**ブラチュナ

■動詞の未来形

未来形は完了体と不完了体で表現の方法が異なります。
　完了体の場合は，その現在形がそのまま意味上の未来を表しますが，不完了体では **быть** の未来形と不定形との結合で表されます。

　　(例) **Я вас подожду.** （私はあなたを待ちます）
　　　　 ヤー ヴァス パダジュ**ドゥー**

　　(例) **Я буду смотреть фильм.** （映画を見ます）
　　　　 ヤー **ブー**ドゥー スマト**リェー**チ　フィーリム

■動詞の命令形

現在語幹から作ります。現在語幹は動詞現在人称変化の **ты** の形から語尾を取ったものです。

　　現在語幹が母音で終る場合　　**-й**　　**работай**（**работать** から）
　　　　　　　　　　　　　　　　　　　　ラボータィ

　　現在語幹が子音で終る場合　　**-и**　　**смотри**（**смотреть** から）
　　　　　　　　　　　　　　　　　　　　スマト**リー**

　　　　　　　　　　　　　　　　-ь　　**готовь**（**готовить** から）
　　　　　　　　　　　　　　　　　　　　ガ**トー**フィ

具体的な形を幾つか覚えるのが実用的。
アクセントは現在人称変化１人称単数形と同じ。

　　вы で話す相手に対しては **-те** を付けます。　　**работайте**
　　　　　　　　　　　　　　　　　　　　　　　　　　　　ラボータィチェ

■ ся 動詞

動詞語尾に **-ся** がついた動詞があります。分かち書きしません。

- **-ться, -тся** の発音はいずれも［ッツァ］となります。
- **-ся** は母音の後では **-сь** になります。

учиться［不定形］（学ぶ）
ウ**チ**ーッツァ

учусь［一人称現在］
ウ**チュ**ーシ

училcя［男性過去］
ウ**チ**ールスャ

училaсь［女性過去］
ウ**チ**ーラシ

учитесь［命令形］
ウ**チ**ーチシ

CD 03

■ イントネーション

ロシア語では文のイントネーションは文意にかかわります。ポイントは，文の中心となる単語のアクセントの音節を上げたり下げたりすることです。

平叙文は文末の語を下げます。疑問文の場合は，疑問詞がある場合はそれを高く発音し，他は下がります。疑問詞が無い場合は疑問の中心となる語を高く発音します。だいたい日本語の感覚で分かります。

Это почта.
エータ ポ**ー**チタ

ポ**ー**チタのポで下がる。

Где здесь почта?
グヂェー ズヂェシ ポ**ー**チタ

グヂェーが上がり他は下がる。

Это почта?
エータ ポ**ー**チタ

ポ**ー**チタのポで上がる。

◇日本語のかなを転写するには？

	ア а	イ и	ウ у	エ э	オ о	ヤ я	ユ ю	ヨ ё
к	カ ка	キ ки	ク ку	ケ кэ	コ ко	キャ кя	キュ кю	キョ кё
с	サ са	シ си	ス су	セ сэ	ソ со	シャ ся	シュ сю	ショ сё
т/ц	タ та	チ ти	ツ цу	テ тэ	ト то	チャ тя	チュ тю	チョ тё
н	ナ на	ニ ни	ヌ ну	ネ нэ	ノ но	ニャ ня	ニュ ню	ニョ нё
х/ф	ハ ха	ヒ хи	フ фу	ヘ хэ	ホ хо	ヒャ хя	ヒュ хю	ヒョ хё
м	マ ма	ミ ми	ム му	メ мэ	モ мо	ミャ мя	ミュ мю	ミョ мё
	ヤ я		ユ ю		ヨ ё			
р	ラ ра	リ ри	ル ру	レ рэ	ロ ро	リャ ря	リュ рю	リョ рё
в/–	ワ ва		ヲ о					
	ン н							
г	ガ га	ギ ги	グ гу	ゲ гэ	ゴ го	ギャ гя	ギュ гю	ギョ гё
дз	ザ дза	ジ дзи	ズ дзу	ゼ дзэ	ゾ дзо	ジャ дзя	ジュ дзю	ジョ дзё
д/дз	ダ да	ヂ дзи	ヅ дзу	デ дэ	ド до	ヂャ дзя	ヂュ дзю	ヂョ дзё

б	バ ба	ビ би	ブ бу	ベ бэ	ボ бо	ビャ бя	ビュ бю	ビョ бё
п	パ па	ピ пи	プ пу	ペ пэ	ポ по	ピャ пя	ピュ пю	ピョ пё

1. （カナ書きの）ンの後にア・イ・ウ・エ・オ・ヤ・ユ・ヨのいずれかが続く場合，ъを挿入します。

    （例） **Синъити**（シンイチ） **Синъя**（シンヤ）
    ъがないとシニャー

2. 促音（小さい「ッ」）はその次の子音字をふたつ重ねます。

    （例） **Саппоро**（サッポロ）

3. （カナ書きにして）第1文字目以外のイはйとすることがあります。

    （例） **Хоккайдо**（ホッカイドウ）

4. 長音や同じ母音の連続は母音字を重ねます（省略することもあります）。

    （例） **Ота (Оота)**（オオタ）
    しかし，**Таро**（タロウ） **Юко**（ユウコ）

5. （カナ書きにして）第1文字目のヨは**йо**とすることがあります。

    （例） **Йосида**（ヨシダ）
    しかし，**Киёси**（キヨシ）

6. 日本の地名などで綴りが決まっているものがあります。

    （例） **Токио**（東京） **Киото**（京都） **Осака**（大阪）

【日常生活の基本単語】

【基数】

◇**基数**（1〜20, 30, 40…）

　ひとつのつづりで表せる数詞です。1〜9にそれぞれ「ナツィチ」をつけてアクセントを移動したりすれば11〜19になります。

◇**合成数詞**（21, 22など）

　2つ以上の数詞で表すものを合成数詞といいます。21は20と1，22は20と2，23は20と3，29は20と9などとなります。

1
один
ア**ヂ**ーン

2
два
ドゥヴァー

3
три
トゥリー

4
четыре
チ**ティ**ーリ

5
пять
ピャーチ

6
шесть
シェースチ

7
семь
セーミ

8
восемь
ヴォースィミ

9
девять
ヂェーヴィチ

10
десять
ヂェースィチ

11
одиннадцать
ア**ヂ**ーンナッツィチ

12
двенадцать
ドゥヴィ**ナ**ーツィチ

13
тринадцать
トゥリ**ナ**ーツィチ

14
четырнадцать
チティールナツィチ

15
пятнадцать
ピトゥナーツィチ

16 よまない
шестнадцать
シスナーツィチ

17
семнадцать
スィムナーツィチ

18
восемнадцать
ヴァスィムナーツィチ

19
девятнадцать
ヂヴィトゥナーツィチ

20
двадцать
ドゥヴァーツィチ

21
двадцать один
ドゥヴァーツィチ　アヂーン

30
тридцать
トゥリーツィチ

32
тридцать два
トゥリーツィチ　ドゥヴァー

40
сорок
ソーラク

43
сорок три
ソーラク　トゥリー

50
пятьдесят
ピッヂスャートゥ

54
пятьдесят четыре
ピッヂスャートゥ　チティーリ

60
шестьдесят
シッヂスャートゥ

65
шестьдесят пять
シッヂスャートゥ　ピャーチ

70
семьдесят
セーミヂスィトゥ

76
семьдесят шесть
セーミヂスィトゥ　シェースチ

PART 1

すぐに使える！ロシア語の基本《発音・文法・基本単語》

80
восемьдесят
ヴォースィミヂスィトゥ

87
восемьдесят семь
ヴォースィミヂスィトゥ　セーミ

90
девяносто
ヂヴィノースタ

98
девяносто восемь
ヂヴィノースタ　ヴォースィミ

99
девяносто девять
ヂヴィノースタ　ヂェーヴィチ

100
сто
ストー

200
двести
ドゥヴェースチ

300
триста
トゥリースタ

400
четыреста
チティリスタ

500
пятьсот
ピツソート

600
шестьсот
シスソート

700
семьсот
スィムソート

800
восемьсот
ヴァスィムソート

900
девятьсот
ヂヴィツソート

1 000
тысяча
ティスィチィ

10 000
десять тысяч
ヂェースィチ　ティスィチ

20 000
двадцать тысяч
ドゥヴァーツィチ　ティスィチ

100 000
сто тысяч
ストー　ティスィチ

1 000 000
миллион
ミリオーン

【序数】

第1の
первый
ピェールヴイ

第2の
второй
フタローイ

第3の
третий
トゥリェーチイ

第4の
четвёртый
チトヴォールトゥイ

第5の
пятый
ピャートゥイ

第6の
шестой
シストーイ

第7の
седьмой
スィヂモーイ

第8の
восьмой
ヴァスィモーイ

第9の
девятый
ヂヴャートゥイ

第10の
десятый
ヂシャートゥイ

CD 05

PART 1

すぐに使える！ロシア語の基本《発音・文法・基本単語》

【季節】

CD 06

春
весна
ヴィス**ナ**ー

夏
лето
リェータ

秋
осень
オースィニ

冬
зима
ズィ**マ**ー

春に
весной
ヴィス**ノ**ーイ

夏に
летом
リェータム

秋に
осенью
オースィニユ

冬に
зимой
ズィ**モ**ーイ

【方角】

CD 07

東
восток
ヴァス**ト**ーク

西
запад
ザーパト

南
юг
ユーク

北
север
ス**ェ**ーヴィル

【月】 ←大文字にならない。

1月
январь
インヴァーリ

2月
февраль 注意！
フィヴラーリ

3月
март
マールト

4月
апрель
アプリェーリ

5月
май
マーイ

6月
июнь
イユーニ

7月
июль
イユーリ

8月
август
アーヴグスト

9月
сентябрь
スィンチャーブリ

10月
октябрь
アクチャーブリ

11月
ноябрь
ナヤーブリ

12月
декабрь
ヂカーブリ

【年】

今年
этот год
エータト　ゴート

来年
будущий год
ブードゥシイ　ゴート

去年
прошлый год
プローシュルイ　ゴート

【週】

今週に
на этой неделе
ナ　エータイ　ニヂェーリ

来週に
на следующей неделе
ナ　スリェードゥユシェイ　ニヂェーリ

先週に
на прошлой неделе
ナ　プローシュライ　ニヂェーリ

今日
сегодня
スィヴォードニャ

昨日
вчера
フチラー

明日
завтра
ザーフトラ

【日】

朝
утро
ウートラ

正午
полдень
ポールヂニ

夕方
вечер
ヴェーチル

夜
ночь
ノーチ

【曜日】

月曜日
понедельник
パニ**ヂェー**リニク

火曜日
вторник
フ**トー**ルニク

水曜日
среда
スリ**ダー**

木曜日
четверг
チト**ヴェー**ルク

金曜日
пятница
ピャートニツァ

土曜日
суббота
ス**ボー**タ

日曜日
воскресенье
ヴァスクリ**スェー**ニエ

【家族】

両親
родители
ラ**ヂー**チェリィ

夫
муж
ムーシ

妻
жена
ジ**ナー**

父
отец
ア**チェー**ツ

母
мать
マーチ

子供
ребёнок (単)　　**дети** (複)
リ**ビョー**ナク　　**ヂェー**チ

息子
сын
スィン

娘
дочь
ドーチ

祖父
дедушка
ヂェードゥシカ

祖母
бабушка
バーブシカ

孫（男／女）
внук / внучка
ヴヌーク　　ヴヌーチカ

兄
старший брат
スタールシィ　　ブラート

弟
младший брат
ムラートシィ　　ブラート

姉
старшая сестра
スタールシャヤ　　スィストラー

妹
младшая сестра
ムラートシャヤ　　スィストラー

【体の名称】

顔
лицо
リツォー

頭
голова
ガラヴァー

耳（片耳／両耳）
ухо / уши
ウーハ　　ウーシ

目（片目／両目）
глаз / глаза
グラース　　グラザー

鼻
нос
ノース

口
рот
ロート

歯
зуб
ズープ

唇
губы
グービィ

首
шея
シェーヤ

腕／手（片腕・手／両腕・手）
рука / руки
ル**カー**　ル**ー**キ

指
палец
パーリツ

肩／両肩
плечо / плечи
プリ**チョー**　プリェーチ

腰
талия
ターリヤ

尻
бедро
ビドゥ**ロー**

背中
спина
スピ**ナー**

喉
горло
ゴールラ

腹
живот
ジ**ヴォ**ートゥ

胸
грудь
グルーチ

膝（片膝／両膝）
колено / колени
カ**リェ**ーナ　カ**リェー**ニ

足（片足／両足）
нога / ноги
ナ**ガー**　**ノー**ギ

関節
сустав
スゥス**ター**フ

【色】

赤
красный
クラースヌィ

ピンク
розовый
ローザヴィ

オレンジ
оранжевый
アラーンジィヴィ

黄
жёлтый
ジョールトゥイ

緑
зелёный
ズィリョーヌィ

青
голубой
ガルボーイ

紺
синий
スィーニィ

紫
фиолетовый
フィアリェータヴィ

グレー
серый
スィエールィ

黒
чёрный
チョールヌィ

白
белый
ビェールィ

PART 2
すぐに話せる！ロシア語の頭出しパターン17

1.「私は〜です」

Я ~.
ヤー

❖ 自分のことを紹介するとき

Я~. は「私は〜です」と自分のことを説明するときのパターンです。
Я の後に名詞（句）をおくときは動詞はいりません。

例文で使い方をマスターしましょう！

☐ 私は日本人（男／女）です。

ヤー　イ**ポー**ニェツ　　イ**ポー**ンカ
Я [японец / японка].

☐ 私は学生（男／女）です。

ヤー　ストゥ**チェー**ントゥ　ストゥ**チェー**ントゥカ
Я [студент / студентка].

☐ 私は銀行で働いています。

ヤー　ラ**ボー**タユ　ヴ　**バー**ンケ
Я работаю в банке.

☐ 私は疲れました。（男／女）

ヤー　ウス**ター**ル　　ウス**ター**ラ
Я [устал / устала].

2.「私には〜です」

Мне 〜.
ムニェー

❖ 自分にとってどうであるかを語るとき

自分にとっての感覚，必要などを表すときに **Мне〜** を使います。そもそもの意味は「私に〜」で「私に〜ください」という時にも使います。

Мне の後には述語となる副詞が来ます。年齢を言うのもこの表現です。

例文で使い方をマスターしましょう！

☐ 私は寒い（私にとって寒い）。

ムニェー　**ホー**ラドゥナ
Мне холодно.

☐ 私はロシア語でしゃべるのが難しい（私にとって難しい）。

ムニェー　トゥ**ルー**ドゥナ　　ガヴァ**リー**チ　　　　パ**ルー**スキ
Мне трудно говорить по-русски.

☐ 私は医者に行かなければならない（私には必要がある）。

ムニェー　　**ヌー**ジナ　　　アブラ**チー**ッツァ　　ク　ヴラ**チュー**
Мне нужно обратиться к врачу.

☐ 私は 41 歳です。

ムニェー　**ソー**ラック　ア**ヂー**ン　ゴート
Мне сорок один год.

3.「あなたは〜ですか？」

Вы ~?
ヴィ

❖ **相手のことをいろいろ確認するとき**

相手の職業や国籍などを,「あなたは〜ですか？」とたずねるときのパターンです。

Вы の後ろには,「相手に対して確認すること」を入れます。

例文で使い方をマスターしましょう！

☐ あなたはロシア人（男／女）ですか？

ヴィ　　**ルー**スキィ　　　**ルー**スカヤ
Вы [русский / русская]?

☐ あなたは学生（男／女）ですか？

ヴィ　ストゥ**チェー**ント　　ストゥ**チェー**ントカ
Вы [студент / студентка]?

☐ あなたは中国人（男／女）ですか？

ヴィ　　キ**ター**エツ　　　キタ**ヤー**ンカ
Вы [китаец / китаянка]?

☐ あなたは公務員ですか？

ヴィ　　チ**ノー**ヴニク
Вы чиновник?

4.「あなたには〜ですか？」

Вам ~?
ヴァーム

❖ **相手にとってどうであるかを確認するとき**

そもそもの意味は「あなたに」というものです。
相手に提供する場合，必要や好悪などを確認するときに使います。
Вам の後に来るものは **мне** の場合と同じです。

（ 例文で使い方をマスターしましょう！ ）

☐ お手伝いしましょうか？（あなたに助けが必要ですか？）

ヴァーム　　パ**モー**チ
Вам помочь？

☐ （あなたには）コーヒーでしょうか，お茶でしょうか？

ヴァーム　**コー**フェ　**イー**リ　チャーイ
Вам кофе или чай？

☐ あなたはしばらく待たなければいけません。

ヴァーム　　**ナー**ダ　　　パダジ**ダー**チ
Вам надо подождать．

☐ （あなたは）この絵が気に入りましたか？

ヴァーム　　パヌ**ラー**ヴィラスィ　**エー**タ　　カル**チー**ナ
Вам понравилась эта картина？

気に入るものが主語になる。

5.「これは〜です」

Это 〜.
エータ

❖「(これは) 〜です」と説明するとき

Это 〜. は「(これは) 〜です」と説明するときに使う表現です。相手にたずねるときには、語順はかえずに末尾に **"?"** をつけます。
「そこは遠いのですか？」**Это далеко?** [エータ ダリ**コー**]

疑問のときは、イントネーションが上がります。

例文で使い方をマスターしましょう！

☐ これはロシアのクワスです。
エータ　ルースキィ　クヴァース
Это русский квас.

☐ ここはトヴェリ通りですよ。
エータ　ウーリツァ　トヴェルスカーヤ
Это улица Тверская.

☐ 素晴らしいお家ですね！
エータ　ザミチャーチリヌィ　ドーム
Это замечательный дом!

☐ これは友人へのみやげです。
エータ　パダールキ　ドゥルズィヤーム
Это подарки друзьям.

6.「～をお願いします」

～, пожалуйста.

パジャールスタ　つづりどおりには発音しません。

❖ 人に何かを頼むとき，頼みごとするとき

「～をお願いします」と人に頼みごとをするときに広く使われる表現です。**пожалуйста**（どうぞ～してください）を文中か文末に置きます。

例文で使い方をマスターしましょう！

□ チェックインをお願いします。

ザリギスト**リー**ルイチェ　　ミ**ニャー**　　　　パジャールスタ
Зарегистрируйте меня, пожалуйста.

□ 領収書をください。

クヴィ**ターン**ツィユ　　　パジャールスタ
Квитанцию, пожалуйста.

□ 炭酸なしのものをお願いします。

ビェズ　　**ガー**ザ　　　パジャールスタ
Без газа, пожалуйста.

□ ここに書いてください。

ナピ**シー**チェ　　ズヂェーシ　　パジャールスタ
Напишите здесь, пожалуйста.

7.「〜はありますか？」

У вас есть ~?
ウ　ヴァス　イェスチ

❖「〜はありますか」とたずねるとき

「席はありますか？」というように，ものや人が「ありますか？」とか「いますか？」とたずねるときに使うパターンです。

> 例文で使い方をマスターしましょう！

☐ デザートには何がありますか？

シトー　ウ　ヴァス　イェスチ　ナ　チ**セー**ルト
Что у вас есть на десерт?

発音に注意！疑問詞があるときはそれを高く言います。

☐ 席はありますか？

ウ　ヴァス　イェスチ　ミス**タ**ー
У вас есть места?

ここを高く言います。

☐ 時間がありますか？

ウ　ヴァス　イェスチ　ヴ**リェー**ミャ
У вас есть время?

☐ コースメニューはありますか？

ウ　ヴァス　イェスチ　**コーム**プリクス**ヌィ**　ア**ビェー**ト
У вас есть комплексный обед?

8.「〜できますか？」（許可）「してもいいですか？」

Можно + 動詞？ / Можно 〜？
モージナ　　　　　　　　　　　　　モージナ

❖ 自分のしたいことの希望がかなうかを聞くとき

Можно 〜？は「〜できますか？」「〜（しても）いいですか？」と自分のしたいことがかなうかどうかを聞くときの表現です。

Можно の後には「動詞の不定形」を入れます。

例文で使い方をマスターしましょう！

□ 試着してもいいですか？

モージナ　　　プリミェーリチ

Можно примерить?

□ そこへ地下鉄で行けますか？

モージナ　　リ　　ダイェーハチ　　トゥダー　ナ　ミトロー

Можно ли доехать туда на метро?

これをいれると疑問文になります。なくても可。

□（後ろの席の人に）シートを倒してもいいですか？

モージナ　　　アプスチーチ　　スピーンクゥ

Можно опустить спинку?

□ フラッシュをたいて写真をとってもいいですか？

モージナ　　　ファタグラフィーラヴァチ　　　サ　　フスプィシカイ

Можно фотографировать со вспышкой?

9.「いかに〜？」「どのように〜？」

Как ~?
カーク

❖ 方法・仕方・様態などをたずねるとき

　Как ~? は「どういう方法・手段で」「どのようにして」「どんなふうに」などとたずねるときに使います。
　〈**Как** + 動詞（不定形）〉は 英語の How to ~?「〜の仕方」に相当します。

例文で使い方をマスターしましょう！

□ 調子はどうですか？

カーク　　デラー
Как дела?

□ 体の具合はいかがですか？

カーク　　ヴァーシェ　　ズダローヴィエ
Как ваше здоровье?

□ クスコーヴォにはどう行けばよいでしょう？

カーク　　ダイェーハチ　　ダ　　クスコーヴァ
Как доехать до Кускова?

固有名詞も格変化します。

□ ステーキの焼き加減はどのようにしますか？

カーク　ヴァム　　プリガトーヴィチ　　ミャーサ
Как вам приготовить мясо?

↑ あなたにとって

10.「〜したいのですが」

Я хочу ~.   Я хотел / хотела бы ~.
ヤー　ハチュー　　　ヤー　ハチェール　　ハチェーラ　　ブィ

❖ 自分の要望を言うとき

Я хочу は「〜したい」と自分の希望や願望を言うときの表現です。
Я хотел / хотела бы ~? はよりていねいな言い方（「できれば〜したい」）です。**хотел** は男性形，**хотела** は女性形です。

> 例文で使い方をマスターしましょう！

□ これを返品したいのですが。

ヤー　ハ**チュー**　　ズダーチ　　**エー**タ　　アブ**ラ**ートナ
Я хочу сдать это обратно.

□ 円を両替したいのですが。

ヤー　ハ**チュー**　　アブミィ**ニャ**ーチ　　**イェ**ーヌイ
Я хочу обменять иены.

□ 観光ツアーに参加したいのですが。

ヤー　ハ**チュー**　　パイェーハチ　　ナ　　エクス**クー**ルスィユ
Я хочу поехать на экскурсию.

□ バレエが見たいのですが。

ヤー　ハチェール　　ハチェーラ　　ブィ　　パスマト**リェ**ーチ　　バリェートゥ
Я [хотел / хотела] бы посмотреть балет.

11.「～がほしいのですが」

Я хочу ~.　Я хотел / хотела бы ~.
ヤー　ハチュー　　　ヤー　ハチェール　　ハチェーラ　　ブィ

❖ 自分のほしいものを言うとき

　Я хочу は「～がほしい」と人にものを頼むときに用います。
　Я хотел / хотела бы ~? はよりていねいな言い方（「できれば～がほしいのですが」）です。хотел は男性形，хотела は女性形です。

例文で使い方をマスターしましょう！

□ 水を一杯欲しいのですが。

ヤー　ハチュー　スタカーン　ヴァドゥィ
Я хочу стакан воды.　― a cup of water という言い方です。

□ これが欲しいのですが。

ヤー　ハチュー　エータ
Я хочу это.

□ 地下鉄の路線図が欲しいのですが。［男］

ヤー　ハチェール　ブィ　スヒェームゥ　ミトロー
Я хотел бы схему метро.
　　　　男性形

□ コーヒーをお願いします。［女］

ヤ　ハチェーラ　ブィ　コーフェ　パジャールスタ
Я хотела бы кофе, пожалуйста.
　　　　女性形

60

12.「〜するでしょう」「〜でしょう」

Я буду ~.
ヤー　ブードゥー

❖ 未来の表現

буду は быть［ブィチ］（〜である）の活用形で，未来の表現です。未来形を作る助動詞として動詞の不完了体不定形と一緒に使われます。

例文で使い方をマスターしましょう！

☐ サッカーをします。

ヤー　ブードゥ　イグ**ラー**チ　フ　フド**ボー**ル
Я буду играть в футбол.

― 競技は B + 対格
― 英語では play

☐ 映画を見ます。

ヤー　ブードゥ　スマトゥ**リェー**チ　フィーリム
Я буду смотреть фильм.

☐ ギターを弾きます。

ヤー　ブードゥ　イグ**ラー**チ　ナ　ギ**ター**リェ
Я буду играть на гитаре.

― 楽器は На + 前置格

☐ ロシア語を勉強します。

ヤー　ブードゥ　ウ**チー**チ　ルースキィ　イ**ズィ**ク
Я буду учить русский язык.

13.「〜しよう！」「〜しましょう！」

Давайте ~!
ダヴァーイチェ

❖「〜しましょう」と誘うとき

「会いましょう」「食べましょう」と誘うときの表現です。
〈**Давайте** ＋ 動詞（完了体）1人称複数形！〉
〈**Давайте** ＋ 動詞（不完了体）不定形！〉の形をとります。

例文で使い方をマスターしましょう！

□ 会いましょう！

ダヴァーイチェ　フストゥリェーチムスャ
Давайте встретимся！ ── 完了体1人称複数形

□ ロシア語を勉強しましょう！

ダヴァーイチェ　イズゥチャーチ　ルースキイ　イズィク
Давайте изучать русский язык！ ── 不完了体不定形

□ 散歩しましょう！

ダヴァーイチェ　パグゥリャーエム
Давайте погуляем！

□ 美術館に行きましょう！

ダヴァーイチェ　パイヂョーム　ヴ　ムゥゼェイ
Давайте пойдём в музей！

14.「いくつ（数）」「どのくらい（量）」

Сколько ＋名詞 ~?
スコーリカ

❖ **数量や程度を聞くとき**

〈**Сколько** ＋名詞 ~?〉は，「どのくらい」「どれほど」と相手に数量や程度を聞くときの表現です。

例文で使い方をマスターしましょう！

☐ これはいくらですか？

スコーリカ　エータ　ストーイト
Сколько это стоит?

値段をたずねる表現です。
「値する」という動詞。

☐ 駅までどのくらい（時間）かかりますか？

スコーリカ　ヴリェーミニ　イッチー　ダ　スターンツィイ
Сколько времени идти до станции?

☐ あなたは何歳ですか？

スコーリカ　ヴァム リェートゥ
Сколько вам лет?

☐ 何日間滞在しますか？

スコーリカ　ドゥニェーイ　プラブーヂチェ
Сколько дней пробудете?

15.「だれ？」「いつ？」

Кто ~? / Когда ~?
クトー　　　　　カグ**ダ**ー

❖ 知りたい「人」「時」についてたずねるパターン

Кто ~?（だれ？），**Когда ~?**（いつ？）と質問するときに使う表現です。

例文で使い方をマスターしましょう！

☐ その女の方はどなたですか？

クトー　　エータ　　ジェーンシシナ
Кто эта женщина?

☐ あの絵を描いたのはだれですか？

クトー　　ナリサ**ヴァ**ール　　エー**ト**ゥ　　カル**チ**ーヌゥ
Кто нарисовал эту картину?

☐ いつ開きますか？

カグ**ダ**ー　　アトクルィ**ヴァ**ーイッツァ
Когда открывается?

ッツァ とよみます。

☐ いつ戻りますか？

カグ**ダ**ー　　ヴィル**ニョ**ーッツァ
Когда вернётся?

16.「何？」

Что ~?
シトー
つづりと発音の違いに注意！
што のように発音します。

❖ 知りたい「もの」についてたずねるパターン

Что ~?（何？）と質問するときに使う表現です。

例文で使い方をマスターしましょう！

☐ おすすめは何ですか？

シトー　ヴィ　パサ**ヴェー**トゥイチェ
Что вы посоветуете?

☐ これは何ですか？

シトー　**エー**タ
Что это?

☐ 小包の中身は何ですか？

シトー　ウ　ヴァス　フ　パ**スィ**ルキェ
Что у вас в посылке?

☐ あなたは何が好きですか？

シトー　ヴァム　ヌ**ラー**ヴィツァ
Что вам нравится?

17.「どこ？」「なぜ？」

Где ~? / Почему ~?
グヂェー　　　　　パチィムー

❖ 知りたい「場所」「理由」についてたずねるパターン

「どこ？」「なぜ？」と質問するときに使う表現です。

例文で使い方をマスターしましょう！

☐ 試着室はどこですか？

グヂェー　　プリ**ミェー**ラチナヤ
Где примерочная?

☐ バス乗り場はどこですか？

グヂェー　　アスタ**ノー**フカ　　アフ**トー**ブサ
Где остановка автобуса?

☐ レジはどこですか？

グヂェー　**カー**ッサ
Где касса?

☐ なぜバスは来ないのですか？

パチィ**ムー**　ニェート　　アフ**トー**ブサ
Почему нет автобуса?

PART 3
すぐに話せる！よく使うロシア語の基本・日常表現

Урок 1 日常のあいさつ

よく使う表現

□ おはよう。こんにちは。こんばんは。

Здравствуйте.
ズドラーストヴィチェ　　［ы］と発音する。
よまない。

⇒ 朝・昼・晩に使うことができる。

□ おはようございます。

Доброе утро.
ドーブラエ　ウートゥラ

□ こんにちは。

Добрый день!
ドーブルイ　チェーニ

Здравствуйте.
ズドラーストヴィチェ

■ あいさつのときは名前を添えて

あいさつのことばに，相手の名前を添えるようにしましょう。

「こんにちは，マリーヤ」　**Здравствуйте, Мария.**
　　　　　　　　　　　　　ズドラーストヴィチェ　マリーヤ

「おはよう，マリーヤ」　**Доброе утро, Мария.**
　　　　　　　　　　　　ドーブラエ　ウートゥラ　マリーヤ

関連表現・事項

すぐに使えるフレーズ

□ こんばんは。

ドーブルイ　ヴェーチィル
Добрый вечер.

□ やあ！

プリヴェート　　　　　ズドラーストヴイ
Привет！　/　Здравствуй.
└ 友だち同士で使います。　└ よま弍い

□ A: お元気ですか？

カーク　ヴィ　　パジヴァーィチェ
Как вы поживаете?

□ B: ありがとう，元気です。

スパスィーバ　　ハラショー
Спасибо, хорошо.

□ B: あなたは？

ア　ヴィ
А вы?

☐ A: いかがお過ごしですか？

カーク　ヴィ　ジ**ヴョー**チェ
Как вы живёте?

☐ B: ありがとう。おかげさまで。

スパ**スィー**バ　　ナル**マー**リナ
Спасибо, нормально.

☐ ご機嫌いかがですか？

カーク　ヴィ　スィ**ビャー**　**チュー**ストゥヴィチェ
Как вы себя чувствуете?
　　　　　　　　　よまない

☐ A: 体の具合はいかがですか？

カーク　**ヴァー**シェ　ズダ**ロー**ヴィエ
Как ваше здоровье?

☐ B: ありがとう，まあまあです。

スパ**スィー**バ　　ニチ**ヴォー**
Спасибо, ничего.

□ また会えてうれしいです。

オーチニ　ラー**トゥ**　**ラー**ダ　ヴァス　ス**ノー**ヴァ　**ヴィー**ヂィチ
Очень [рад / рада] вас снова видеть.

□ ひさしぶりですね。

ス**コー**リコ　リェート　ス**コー**リカ　ズィーム
Сколько лет, сколько зим!

直訳は「どれだけの夏と冬が過ぎたのでしょう」。

□ A: 調子はどうですか？

カーク　ヂ**ラー**
Как дела?　ちょっとくだけた表現です。

□ B: ありがとう, 順調です。

スパ**スィー**バ　ハラ**ショー**
Спасибо, хорошо.

PART 3

すぐに話せる！よく使うロシア語の基本・日常表現

Урок 2　別れぎわの一言

よく使う表現　CD 32

□ さようなら。

　　ダ　　スヴィ**ダー**ニィヤ
До свидания.

□ また会いましょう。

　　ダ　　フスト**リェーチ**
До встречи.

□ ごきげんよう。

　フシ**ヴォー**　　**ドー**ブラヴァ
Всего доброго!

つづりと発音がずれています。
この場合
「г」はв [v] の発音です。

□ また明日。

　　ダ　　**ザー**フトゥラ
До завтра.

■名前の書き方

◇スズキ	**Судзуки**	◇ヤマモト	**Ямамото**
◇カトウ	**Като**	◇シンイチ	**Синъити***
◇ワダ	**Вада**	◇ヨウイチ	**Ёити**
◇ハットリ	**Хаттори**	◇ケン	**Кэн**

*ъ の文字は，**Синити** [シニチ] とならないようにするためです。

関連表現・事項

すぐに使えるフレーズ

☐ では，ごきげんよう。

フシ**ヴォー**　ハ**ロー**シヴァ
Всего хорошего.

発音注意！

☐ さようなら。（当分会えないとき）

プラ**シャー**ィチェ
Прощайте.

☐ いずれまたお目にかかりましょう！

ダ　**ノー**ヴァイ　フストゥ**リェー**チ
До новой встречи!

☐ じゃあ，また晩に（夕方に）。

ダ　**ヴェー**チラ
До вечера.

☐ じゃあね。（気心の知れた者同士のあいさつ）

パ**カー**
Пока!

☐ おやすみなさい。

スパ**コー**イナイ　**ノー**チ
Спокойной ночи.

Урок 3 感謝する／あやまる

よく使う表現

□ ありがとう。

スパスィーバ
Спасибо.

□ ほんとうにありがとう。

バリショーエ　スパスィーバ
Большое спасибо.

□ あなたに感謝します。（多少改まったニュアンス）

ブラガダリュー
Благодарю.

□ 私（男／女）はあなたに感謝しています。

ヤ　オーチニ　ヴァム　　ブラガダーリン　　　　ブラガダールナ
Я очень вам [благодарен / благодарна].

関連表現・事項

◇ メリークリスマス！
ス ラジディストゥヴォーム
С Рождеством!

◇ 新年おめでとう！
ス ノーヴィム　ゴーダム
С Новым годом!

◇ 誕生日おめでとう！
ズ ドゥニョーム　ラジチェーニャ
С днём рождения!

└ дの前なので [z] とよみます。

すぐに使えるフレーズ

□ ごめんなさい。

イズヴィ**ニー**チェ
Извините.

□ 失礼いたしました。

プラス**チー**チェ
Простите.

□ 申し訳ありません。

プラ**シュー** 　プラシ**シェー**ニヤ
Прошу прощения.

□ すみません，間違えました。[男／女]

イズヴィ**ニー**チェ　ヤー　ア**シー**プスャ　ア**シー**プラスィ
Извините, я [ошибся / ошиблась].

□ どういたしまして。

パジャールスタ
Пожалуйста.

ニェーザシタ
Не за что. （**Пожалуйста.** より少しフォーマル）

一つの単語のようにつづけてよみます。

□ 気にしないで。

ニチ**ヴォー**
Ничего.

PART 3

すぐに話せる！よく使うロシア語の基本・日常表現

4 Урок　はい／いいえ

ショート対話

□ A: どうぞ！

パジャールスタ
Пожалуйста! ── 英語の please のように使います。

□ B: いえ，結構です。

ニェット　　スパス**ィー**バ
Нет, спасибо.

□ A: これでよろしいですか？

ハラ**шо**ー
Хорошо?

□ B: はい，結構です。

ダー　　　ハラ**шо**ー
Да, хорошо.

関連表現・事項

◇「そうそう」

ダー　　ダー
Да-да.

□「ええ，そうです」

ダー　　**э**ータ　タ―ク
Да, это так.

すぐに使えるフレーズ

☐ はい。

<ruby>ダー</ruby>
Да.

☐ いいえ。

<ruby>ニェット</ruby>
Нет.

☐ わかりました。

<ruby>ムニェー　パニャートナ</ruby>
Мне понятно.

Понятно. だけでも OK．

☐ 知りません。

<ruby>ニェ　ズナーユ</ruby>
Не знаю.

☐ わたしもそう思います。

<ruby>ヤー　トージェ　タ−ク　ドゥーマユ</ruby>
Я тоже так думаю.

☐ 理解できません。

<ruby>ニェ　パニマーユ</ruby>
Не понимаю.

PART 3　すぐに話せる！よく使うロシア語の基本・日常表現

5 Урок 感情を伝える

よく使う表現

□ すてき！

チュ**ヂェ**ースナ
Чудесно!

□ とてもうれしい。／とてもいい感じです。

ムニェー **オー**チニ プリ**ヤー**トナ
Мне очень приятно.

□ やったー！

パル**チー**ラスィ
Получилось!

□ すばらしい！

ザミ**チャー**チィリナ
Замечательно!

関連表現・事項

◇ 幸せをお祈りします。

ジ**ラー**ユ ヴァム シ**シャー**スチヤ
Желаю вам счастья.

◇ ご健康をお祈りします。

ジ**ラー**ユ ヴァム ズダ**ロー**ヴィヤ
Желаю вам здоровья.

すぐに使えるフレーズ

☐ すごい！

ズドーラヴァ
Здорово!

☐ とてもすばらしい！

プリクラースナ
Прекрасно!

☐ そうですか？

ターク　リ　エータ
Так ли это?

☐ ほんとうですか？

プラーヴダ　リ　エータ
Правда ли это?

☐ まさか？

ニウジェーリ
Неужели?

☐ 変ですね。

エータ　ストゥラーンナ
Это странно.

PART 3　すぐに話せる！よく使うロシア語の基本・日常表現

6 Урок 自己紹介する／挨拶をする

ショート対話

□ A: ようこそ。

ダブ**ロー**　　　パジャーラヴァチ
Добро пожаловать!

□ B: 私はスズキヨウコです。

ヤー　ヨウコ　　スズキ
Я Ёко Судзуки.

□ はじめまして。

プリ**ヤー**トナ　ス　**ヴァー**ミ　　パズナ**コー**ミッツァ
Приятно с вами познакомиться.

□ こちらこそ初めまして。

オーチニ　　プリ**ヤー**トナ
Очень приятно.

関連表現・事項

■ ロシア語で日本の地名

◇ 北海道	**Хоккайдо**	◇ 長崎	**Нагасаки**
◇ 和歌山	**Вакаяма**	◇ 浜松	**Хамамацу**
◇ 金沢	**Канадзава**	◇ 神戸	**Кобе**
◇ 東京	**Токио**	◇ 福島	**Фукусима**
◇ 大阪	**Осака**	◇ 九州	**Кюсю**
◇ 京都	**Киото**	◇ 四国	**Сикоку**

すぐに使えるフレーズ

□ あなたにお会いできてうれしいです。

ヤー　ラートゥ　**ラー**ダ　ヴァス　**ヴィー**ヂィチ
Я [рад / рада] вас видеть.

□ お知りあいになれてうれしいです。[女]

ラーダ　ス　**ヴァー**ミ　パズナ**コー**ミッツァ
Рада с вами познакомиться.

□ どうぞよろしく。

オーチニ　プリ**ヤー**トナ
Очень приятно.

□ 私の名前はアヤカです。

ミ**ニャー**　ザ**ヴー**ト　ア**ヤ**カ
Меня зовут Аяка.

□ お噂はかねがねうかがっていました。

ヤー　ム**ノー**ガ　ス**ル**ィシャル　ス**ル**ィシャラ　ア　ヴァス
Я много [слышал / слышала] о вас.

PART 3

すぐに話せる！よく使うロシア語の基本・日常表現

81

□ あなたのお名前は？

カーク　ヴァス　ザ**ヴー**ト
Как вас зовут?

　　└── зの前で発音がかわりますが、あまり気にする必要はありません。

□ 私はエリェーナです。

ミ**ニャー**　ザ**ヴー**ト　エリェーナ
Меня зовут Елена.

□ あなたの姓は？

カーク　**ヴァー**シャ　ファ**ミー**リヤ
Как ваша фамилия?

□ わたしの姓はイワノワです。［女］

マ**ヤー**　ファ**ミー**リヤ　イワ**ノー**ヴァ
Моя фамилия Иванова.

□ 私は日本人［男／女］です。

ヤー　イ**ポー**ニェツ　イ**ポー**ンカ
Я [японец / японка].

□ 私は会社に勤めています。

ヤー　ラ**ボー**タユ　ナ　**フィー**ルミェ
Я работаю на фирме.

82

□ 私は年金生活者［男／女］です。

ヤー　ピンスィア**ニェ**ール　　ピンスィア**ニェ**ールカ
Я [пенсионер / пенсионерка].

□ 私は教師［男／女］です。

ヤー　ウ**チー**チィリ　　ウ**チー**チィリニィツァ
Я [учитель / учительница].

□ 私は主婦です。

ヤー　　ダマハ**ズャー**イカ
Я домохозяйка.

□ A: あなたは何歳ですか？

ス**コー**リカ　ヴァム　リェート
Сколько вам лет?

□ B: 32 歳です。

ム二ェー　トゥ**リー**ツィチ　ドゥヴァ　**ゴー**ダ
Мне тридцать два года.

□ A: Eメールアドレスをお持ちですか？

ウ ヴァス ィエスチ **イー**メイル
У вас есть имейл?

□ B: ええ，持っていますよ。

ダー ウ ミ**ニャー** ィエスチ
Да, у меня есть.

□ B: いいえ，持っていません。

ニェット ウ ミ**ニャー** ニェット
Нет, у меня нет.

□ 紹介いたします。

パズナ**コー**ミチェシ パ**ジャー**ルスタ
Познакомьтесь, **пожалуйста**.

□ こちらがわたしの妻です。

エータ マ**ヤー** ジ**ナー**
Это моя жена.

□ よろしく。[女]

ヤー **ラー**ダ ス **ヴァー**ミ パズナ**コー**ミッツァ
Я рада с вами познакомиться.

女性形。男性形は рад

□ お近づきになりましょう。

ダ**ヴァー**ィチェ　　パズナ**コー**ミムスャ
Давайте познакомимся.

□ A: 兄弟はいらっしゃいますか？

ウ　ヴァス　ィエスチ　ブラート　**イー**リ　シストゥ**ラー**
У вас есть брат или сестра?

□ B: はい，います。／いいえ，いません。

ダー　ウ　ミ**ニャー**　ィエスチ　　ニェット　ウ　ミ**ニャー**　ニェット
Да, у меня есть. / Нет, у меня нет.

□ A: ご家族は何人ですか？

ス**コー**リカ　　チラ**ヴェー**ク　ヴ　**ヴァー**シェィ　スィミィ**エー**
Сколько человек в вашей семье?

□ B: 4人です。

チェートゥヴィラ
Четверо.

PART 3

すぐに話せる！よく使うロシア語の基本・日常表現

☐ B: 父，母，兄（弟），そして私です。

パーパ　　マーマ　　ブラート　イヤー
Папа, мама, брат и я.
　　　　　　　　　└ 兄もしくは弟

☐ A: どこに住んでいますか？

グヂェー　ヴィ　ジヴョーチェ
Где вы живёте?

☐ B: モスクワに住んでいます。

ヤー　ジヴー　ヴ　マスクヴィェー
Я живу в Москве.
　　　　　　　　└ もとの形は Москва.

☐ A: 身長は，どのくらいですか？

カコーィ　ウ　ヴァス　ローストゥ
Какой у вас рост ?

☐ B: 180センチです。

ストー　ヴォースィミヂスィャトゥ　　サンチミェートラフ
Сто восемьдесят сантиметров.

【プレゼント】

☐ A: これを君に。

エータ　チビェー
Это тебе.

☐ B: 本当にありがとうございます。

バリショーエ　　スパスィーバ
Большое спасибо.

☐ B: 思いがけないことで驚きです。

カコーイ　　シュルプリース
Какой сюрприз!

☐ B: とても気に入りました。

オーチニ　　　パヌラーヴィラシィ
Очень понравилось.

何についてかで ∧ся, ∧ась, ∧ись と形が変わります。

☐ 君がプレゼントを気に入っていて，私もうれしい。［男］

ヤー　ラートゥ　　シトー　チビェー　　ヌラーヴィツァ　　　パダーラク
Я рад, что тебе нравится подарок.

PART 3

すぐに話せる！よく使うロシア語の基本・日常表現

Урок 7 ロシア語

ショート対話

□ A: 日本語を話しますか？

<small>ヴィ　　ガヴァ**リー**チェ　　　パイ**ポー**ンスキ</small>
Вы говорите по-японски?

□ B: 多少なら。

<small>ニム**ノー**ガ</small>
Немного.

□ A: あなたは英語を話しますか？

<small>ヴィ　　ガヴァ**リー**チェ　　　パアング**リー**スキ</small>
Вы говорите по-английски?

□ B: はい，話します。

<small>ダー　　ガヴァ**リュー**</small>
Да, говорю.　— しばしば Яは略されます。

関連表現・事項

◇「はい，わかります」
<small>ダー　　パニ**マー**ユ</small>
Да, понимаю.

◇「いいえ，わかりません」
<small>ニェット　ニェ　　パニ**マー**ユ</small>
Нет, не понимаю.

すぐに使えるフレーズ

☐ 私はロシア語が少しわかります。

ヤー　ニム**ノー**ガ　パニ**マー**ユ　パ**ルー**スキ
Я немного понимаю по-русски.

☐ A: あなたはロシア語を話しますか？

ヴィ　ガヴァ**リー**チェ　パ**ルー**スキ
Вы говорите по-русски?

☐ B: はい，少し話せます。

ダー　ニム**ノー**ガ　ガヴァ**リュー**
Да, немного говорю.

☐ B: いいえ，話せません。

ニェット　ニェ　ガヴァ**リュー**
Нет, не говорю.

☐ それはどういう意味ですか？

シトー　**エー**タ　ズ**ナー**チト
Что это значит?

8 Урок 趣味

ショート対話

□ A: 趣味をお持ちですか？

ウ　ヴァス　イェスチ　**ホッビー**
У вас есть хобби?

□ B: ええ，私は読書が好きです。

ダー　ヤー　リュブ**リュー**　チ**ター**チ
Да, я люблю читать.

□ A: テニスは好きですか？

ヴァム　ヌ**ラー**ヴィッツァ　**テー**ニス
Вам нравится теннис? ― 外来語なので Te は [テэ] とよみます。

□ B: はい，好きです。

ダー　リュブ**リュー**
Да, люблю. ― Я はしばしば略されます。

関連表現・事項

■私は～が好きです。	◇音楽	◇活花
ムニェー　ヌ**ラー**ヴィッツァ	**ムー**ズィカ	イケバナ
Мне нравится ～.	музыка	икебана
◇フィギュアスケート	◇サーカス	◇オペラ
フィ**グー**ルナエ　カ**ター**ニィエ	**ツィ**ルク	**オー**ピラ
фигурное катание	цирк	опера

すぐに使えるフレーズ

☐ A: あなたの趣味は何ですか？

カコーイェ ウ ヴァス ホッビー
Какое у вас хобби?

☐ B: 私はサッカーが好きです。

ヤー リュブリュー フドボール
Я люблю футбол.

☐ A: あなたは何が好きですか？

シトー ヴァム ヌラーヴィツァ
Что вам нравится?

☐ B: 映画が好きです。

ヤー リュブリュー キノー
Я люблю кино.

☐ 散歩するのが大好きです。

ヤー オーチニ リュブリュー グリャーチ
Я очень люблю гулять.

☐ スポーツが大好きです。

ヤー オーチニ リュブリュー スポールト
Я очень люблю спорт.

9 Урок 天気

ショート対話

□ A: 今日はどんな天気ですか？

カカーヤ　シヴォードニャ　パゴーダ

Какая сегодня погода?

このような Я 語は間に入ることが多い。発音にも注意！

□ B: 今日はいい天気です。

シヴォードニャ　ハローシャヤ　パゴーダ

Сегодня хорошая погода.

□ B: 今日は晴れています。

シヴォードニャ　ヤースナ

Сегодня ясно.

□ B: 雨が降っています。

イヂョート　ドーシチ

Идёт дождь.

ИДТИ（歩いて行く）の活用形を使います。

関連表現・事項

◇ A:「明日の天気はどうですか？」

カカーヤ　パゴーダ　ブーヂト　ザーフトゥラ

Какая погода будет завтра?

◇ B:「明日は曇りです」

ザーフトゥラ　ブーヂト　オープラチナ

Завтра будет облачно.

すぐに使えるフレーズ

☐ 今日は蒸している。

シヴォードニャ　ドゥーシナ
Сегодня душно.

В[V]の発音

☐ 今日は暑い。

シヴォードニャ　ジャールカ
Сегодня жарко.

☐ 今日は暖かい。

シヴォードニャ　チプロー
Сегодня тепло.

☐ 今日は寒い。

シヴォードニャ　ホーラドナ
Сегодня холодно.

☐ 今日は涼しい。

シヴォードニャ　プラフラードナ
Сегодня прохладно.

☐ 今日は風がある。

シヴォードニャ　ヴェートリナ
Сегодня ветрено.

PART 3 すぐに話せる！よく使うロシア語の基本・日常表現

10 Урок 訪問する

ショート対話

☐ A: お入りください。

ザハ**ヂー**チェ　　　パジャールスタ
Заходите, пожалуйста.

☐ B: お招きいただいてありがとうございます。

スパ**スィー**バ　ザ　　プリグラ**シェー**ニエ
Спасибо за приглашение.

☐ A: お見えいただいてうれしいです。[男／女]

カーク ヤー　ラート　　**ラー**ダ　　ヴァス　**ヴィー**ヂェチ
Как я [рад / рада] вас видеть!

関連表現・事項

■日本の紹介

◇ 俳句　**хайку**　　　　◇ 短歌　**танка**
◇ 柔道　**дзюдо**　　　◇ 空手道　**карате**
◇ 相撲　**сумо**　　　　◇ 日本酒　**сакэ**
◇ 寿司　**суши**　　　　◇ 歌舞伎　**кабуки**

суси とも書く

すぐに使えるフレーズ

☐ いらっしゃいませ。

<ruby>ダブ**ロー**</ruby>　<ruby>パ**ジャー**ラヴァチ</ruby>
Добро пожаловать!

☐ どうぞ奥へ。

<ruby>プラハ**ヂー**チェ</ruby>　<ruby>パ**ジャー**ルスタ</ruby>
Проходите, пожалуйста.

☐ 素晴らしいお住まいですね！

<ruby>**エー**タ</ruby>　<ruby>ザミ**チャー**チリナヤ</ruby>　<ruby>クヴァル**チー**ラ</ruby>
Это замечательная квартира!

☐ お誕生日おめでとう！

<ruby>ズ ドゥニョーム</ruby>　<ruby>ラジ**チェー**ニヤ</ruby>
С днём рождения!

PART 3　すぐに話せる！よく使うロシア語の基本・日常表現

☐ A: 私の贈り物をお受け取りください。

プリミーチェ　モィ　パダーラク
Примите мой подарок.

☐ B: どうもありがとう。

バリショーэ　スパスィーバ
Большое спасибо.

☐ A: どういたしまして。

パジャールスタ
Пожалуйста.

　　　この語には「どうぞ」という意味もあります。

☐ A: そろそろ帰らないと。

ムニェー　パラー　イッチー
Мне пора идти.

私にとって　　頃合いである

☐ B: まだ早いじゃない。

イショー　ラーナ
Ещё рано.

□ ありがとう。でももう時間だから。

スパスィーバ　ノ　ムニェー ウジェー　パラー
Спасибо, но мне уже пора.

□ 行かなくちゃ。

ナーダ　イッチー
Надо идти.

□ すっかりご馳走になっちゃって。

スパスィーバ　ザ　ウガシシェーニエ
Спасибо за угощение.

□ とても楽しかったです。

ブィラ　オーチニ　ヴェースィラ
Было очень весело.

ヤー　ハラショー　プラヴォール　プラヴィラー　ヴリェーミャ
Я хорошо [провёл / провела] время.

■職業・国籍・趣味・天気

【職業】

会社員
スル**ー**ジャシシィ
служащий [男]

スル**ー**ジャシシャヤ
служащая [女]

小中学生・高校生
シコ**ー**リニク
школьник [男]

シコ**ー**リニッツァ
школьница [女]

大学生
ストゥ**ヂェー**ント
студент [男]

ストゥ**ヂェー**ントカ
студентка [女]

自営業
チャースニィク
частник [男]

チャースニィツァ
частница [女]

СТНのTはよまない。

実業家
プリドプリニ**マー**チェリ
предприниматель

公務員
チ**ノー**ヴニク
чиновник

主婦
ダマハ**ズャー**イカ
домохозяйка

美容師
パリク**マー**ヒェル
парикмахер

デザイナー
ヂ**ザー**イニェル
дизайнер

【国名】

日本
イポーニヤ
Япония

ロシア
ラッシーヤ
Россия

アメリカ
アミェリカ
Америка

中国
キターイ
Китай

韓国
カリェーヤ
Корея

ドイツ
ギルマーニヤ
Германия

フランス
フラーンツィヤ
Франция

イタリア
イターリヤ
Италия

スペイン
イスパーニヤ
Испания

【自然・天気】

太陽
ソーンツェ
Солнце — 天体は大文字で
　　　　　　Лは読まない

地球
ズィムリャー
Земля — 小文字で zemlяだと「土地」

月
ルナー
Луна

星
ズヴィズダー
звезда

気候
クリーマト
климат

気温
チムピラ**トゥ**ーラ
температура

晴れ
ヤースヌイ
ясный

雨
ドーシチ
дождь

風
ヴェーチル
ветер

嵐
ブーリャ
буря

霧
トゥ**マー**ン
туман

雲
オーブラカ
облако

台風
タイ**フー**ン
тайфун

虹
ラードゥガ
радуга

雪
スニェーク
снег

稲妻
モールニヤ
молния

雷雨
グラ**ザー**
гроза

ひょう
グラート
град

PART 4
すぐに話せる！
ロシア旅行
重要フレーズ

Урок 11 機内で・空港で

よく使う表現

□ ちょっと通してください。

モージナ　　　プライチー
Можно пройти?

□ （搭乗券を見せて）私の席はどこですか？

グヂェー　マヨー　ミェースタ
Где моё место?

□ 荷物はここに置いていいですか？

モージナ　　　ズヂェーシ　　　パスターヴィチ　　　バガーシ
Можно здесь поставить багаж?

□ （後ろの席の人に）シートを倒してもいいですか？

モージナ　　　アプスチーチ　　　スピーンクゥ
Можно опустить спинку?

関連表現・事項

「トイレは使用中ですか？」

トゥアリェート　ザーニィト
Туалет занят?

「ええ，使用中です」

ダー　　ザーニィト
Да, занят.

「いいえ，あいています」

ニェット　　スヴァボーヂン
Нет, свободен.

すぐに使えるフレーズ

☐ 日本の新聞はありますか？

ウ ヴァス イェースチ イポーンスカヤ ガゼェータ
У вас есть японская газета?

☐ ジュースをください。

ダーイチェ ムニェー パジャールスタ ソーク
Дайте мне, пожалуйста, сок.

☐ A: お食事は牛肉，鶏肉，魚のどれがよろしいですか？

シトー ヴイ ハチーチェ ナ ウージン ガヴャーヂヌウ
Что вы хотите на ужин? Говядину,

クゥーリツウ イーリ ルィブゥ
курицу или рыбу?

☐ B: 魚をお願いします。

ルィブゥ パジャールスタ
Рыбу, пожалуйста.

☐ 飛行機は定刻に着きますか？

サマリョート プリリターェット ヴォーヴリェミャ
Самолёт прилетает вовремя?

12 Урок 入国審査・税関

ショート対話

【入国審査】

☐ A: パスポートを見せてください。

パカジーチェ　　*パジャールスタ*　　*パースパルト*
Покажите, пожалуйста, паспорт.

☐ B: はい，どうぞ。

パジャールスタ
Пожалуйста.

☐ A: 入国の目的は何ですか？

ツェーリ　*プリイェーズダ*
Цель приезда?

☐ B: 観光です。　　　　☐ B: 商用です。

トゥリーズム　　　　　*ビーズニェス*
Туризм.　　　　　　**Бизнес.**

関連表現・事項

☐ 日本語を話せる人はいますか？

イェースチ　リ　　*クトーニブーチ*　　*クトー*　*ガヴァリート*
Есть ли кто-нибудь, кто говорит

パイポーンスキ
по-японски?

すぐに使えるフレーズ

☐ A: 何日間滞在しますか？

スコーリカ　ドゥニェーイ　プラブーディチェ
Сколько дней пробудете?

☐ B: 5日間です。

ピャーチ　ドゥニェーイ
Пять дней.

☐ A: どこに滞在しますか？

グヂェー　ヴイ　ブーディチェ　ジーチ
Где вы будете жить?

☐ B: モスクワホテルに泊まります。

ヤー　ブードゥ　ジーチ　ヴ　ガスチーニツェ　マスクヴァー
Я буду жить в гостинице «Москва».

【税関】

□ 何か申告するものがありますか？

ウ　ヴァス　イェースチ　**ヴェー**シシィ　　パドゥリ**ジャー**シシィエ
У вас есть вещи, подлежащие

チクラ**リー**ラヴァニュ
декларированию?

□ 鞄を開けてください。

アトク**ロー**イチェ　　　パ**ジャー**ルスタ　　　**スー**ムクゥ
Откройте, пожалуйста, сумку.

□ A: これらは何ですか？

シトー　　**エー**タ
Что это?

□ B: これは私の私物です。

エータ　**ヴェー**シシィ　**リィー**チナヴァ　　**ポー**リザ　ヴァニヤ
Это вещи личного пользования.

□ B: これは友人へのみやげです。

エータ パダールキ ドゥルズィヤーム
Это подарки друзьям.

【荷物を探す】

□ 荷物が見つかりません。

ヤー ニ マグー ナイチー スヴォイ バガーシ
Я не могу найти свой багаж.

□ これが手荷物引換証はこれです。

エータ バガージナヤ クヴィターンツィヤ
Это багажная квитанция.

□ 荷物が破損しています。

モイ バガーシ パヴリジヂョーン
Мой багаж повреждён.

■機内 / 税関・空港

国際線
ミジドゥナ**ロード**ヌィ　リェイス
международный рейс

国内線
ヴ**ヌー**トリンニィ　リェイス
внутренний рейс

空港
アエラ**ポー**ルト
аэропорт

ターミナル
チルミ**ナー**ル
терминал

乗客
パッサ**ジー**ル
пассажир

毛布
アヂェ**ヤー**ラ
одеяло

荷物棚
ポールカ
полка

救命胴衣
スパ**サー**チリヌィ　ジ**リェー**т
спасательный жилет

窓側
ウ　アク**ナー**
у окна

通路側
ウ　プラ**ホー**ダ
у прохода

シートベルト
リ**ミェー**ニ
ремень

航空券
アヴィアビ**リェー**т
авиабилет

搭乗券
パ**サー**ダチヌィ　タ**ロー**ン
посадочный талон

離陸
ヴィリェт
вылет

着陸
プリ**リョー**ト
прилёт

時差
ラーズニッツァ　ヴァ　ヴ**リェー**ミニ
разница во времени

入国管理
イミグ**ラー**ツィヤ
иммиграция

入国審査
パースパルトヌィ　カント**ロー**リ
паспортный контроль

パスポート
パースパルト
паспорт

ビザ
ヴィーザ
виза

税関申告書
タ**モー**ジィンナヤ
таможенная
チクラ**ラー**ツィヤ
декларация

課税
アブラ**ジェー**ニエ
обложение
ポーシリナイ
пошлиной

免税
アスヴァバ**ジチェー**ニエ　アト
освобождение от
ポーシリヌィ
пошлины

免税店
ビス**ポー**シリンヌィ　マガ**ズィー**ン
беспошлинный магазин

PART 4

すぐに話せる！ロシア旅行重要フレーズ

109

13 Урок 交通機関〈タクシー〉

ショート対話

□ A: どちらへ行かれますか？（どちらまで？）

クダー ヴァム
Куда вам?

□ B:（メモを見せて）この住所へ行ってください。

アトヴェ**ズィー**チェ パ**ジャー**ルスタ パ **エー**タムゥ
Отвезите, пожалуйста, по этому

アードリスゥ
адресу.

□ トランクを開けてください。

アトク**ロー**イチェ パ**ジャー**ルスタ バ**ガー**ジニク
Откройте, пожалуйста, багажник.

関連表現・事項

「タクシー乗り場はどこですか？」

グチェー スタ**ヤー**ンカ タク**シー**
Где стоянка такси?

すぐに使えるフレーズ

☐ 急いでいます。

ヤー スピ**シュー**
Я спешу.

☐ ここでちょっと待っていてください。

パダジ**チー**チェ ズヂェーシ
Подождите здесь.

☐ ここで停めてください。

アスタナ**ヴィー**チェ ズヂェーシ
Остановите здесь.

☐ おいくらですか？

ス**コー**リカ ス ミ**ニャー**
Сколько с меня?

☐ ありがとう。おつりはとっておいて。

スパ**スィー**バ アス**ター**フィチェ ズ**ダー**チュ スィ**ビェー**
Спасибо. Оставьте сдачу себе.

☐ 料金がメーターと違います。

ナ シ**ショー**ッチケ ドゥル**ガー**ヤ **スー**ンマ
На счётчике другая сумма.

щ の発音

PART 4 すぐに話せる！ロシア旅行重要フレーズ

14 Урок 交通機関〈電車・地下鉄・バス〉

ショート対話

☐ A: 片道ですか，往復ですか？

ヴァド**ヌ**ゥ　ス**トー**ラヌゥ　**イー**リ　トゥ**ダー** イ　アブ**ラー**トナ
В одну сторону или туда и обратно?

つづけてよみます。

☐ B: 片道です。

ヴァド**ヌ**ゥ　ス**トー**ラヌゥ　パ**ジャー**ルスタ
В одну сторону, пожалуйста.

☐ B: 往復です。

トゥ**ダー** イ　アブ**ラー**トナ
Туда и обратно.

関連表現・事項

パッサ**ジー**ルスキイ　**ポー**ィスト
◇ 旅客列車　**пассажирский поезд**

ス**コー**ルイ　**ポー**ィスト
◇ 特急列車　**скорый поезд**

すぐに使えるフレーズ

【電車】

□ ウラジーミルまでの切符を１枚ください。

アヂーン　ビリェート　ダ　　ヴラヂーミラ
Один билет до Владимира,

パジャールスタ
пожалуйста.

→ 固有名詞も格変化します
→ 生格をとる前置詞

□ 切符売り場はどこですか？

グヂェー　カーッサ
Где касса?

□ この列車の席を予約したいのです。

ヤー　ハチェール　ハチェーラ　ブイ　ザカザーチ　ビリェート
Я [хотел / хотела] бы заказать билет

ナ　エータット　ポーィスト
на этот поезд.

□ この電車はモスクワに行きますか？

エータット　ポーィスト　イヂョート　ダ　　マスクヴィ
Этот поезд идёт до Москвы?

→ Москва の生格形

PART 4

すぐに話せる！ロシア旅行重要フレーズ

113

□ 乗り換えなくてはなりませんか？

ヌゥージナ　リ　**ヂェ**ーラチ　ピリ**サー**トクゥ
Нужно ли делать　пересадку?

□ すみません。通してくれますか？

イズヴィ**ニー**チェ　**モー**ジナ　プライ**チー**
Извините. Можно пройти?

□ そこは私の席です。

エータ　マヨー　ミェースタ
Это моё место.

□ 切符をなくしました。

ヤー　パチ**リャー**ル　パチ**リャー**ラ　ビィ**リェー**ト
Я [потерял / потеряла] билет.

【地下鉄】

□ 地下鉄の路線図をください。

ヤー　ハ**チェ**ール　ハ**チェ**ーラ　ブイ　ス**ヒェ**ームゥ　ミトゥ**ロ**ー
Я [хотел / хотела] бы схему метро.

□ 地下鉄の駅はどこですか？

グヂェー　ス**タ**ーンツィヤ　ミトゥ**ロ**ー
Где станция метро?

□ 切符はどこで買えますか？

グヂェー　**モ**ージナ　クゥピィーチ　ビィ**リェ**ート
Где можно купить билет?

□ そこへ地下鉄で行けますか？

モージナ　リ　プライ**エ**ーハチ　トゥ**ダ**ー　ナ　ミトゥ**ロ**ー
Можно ли проехать туда на метро?

□ この地下鉄はトレチャコフスカヤ駅に行きますか？

エータット　ポーィスト　イヂョート　ダ　スターンツィイ
Этот поезд идёт до станции

トリチャコーフスカヤ
«Третьяковская»?

□ いちばん近い地下鉄の駅はどこですか？

グヂェー　ブリジャーイシャヤ　スターンツィヤ　ミトゥロー
Где ближайшая станция метро?

□ 次の駅はどこですか？

カカーヤ　スリェードゥユシシャヤ　スターンツィヤ
Какая следующая станция?

□ 乗り越してしまいました。

ヤー　プライェーハル　プライェーハラ　スヴァユー　アスタノーフクゥ
Я [проехал / проехала] свою остановку.

【バス】

□ バス乗り場はどこですか？

グチェー　　アスタノーフカ　　アフトーブサ
Где остановка автобуса?

□ 市内へ行くバスはどれですか？

カコーイ　　アフトーブス　　イヂョート　ダ　ツェーントラ　　ゴーラダ
Какой автобус идёт до центра города?

□ 切符はどこで買えますか？

グチェー　　モージナ　　クゥピィーチ　　ビィリェート
Где можно купить билет?

□ バスの路線図をください。

ダーイチェ　ムニェー　スヒェームゥ　リーニィ　　アフトーブサフ
Дайте мне схему линий автобусов.

□ 時刻表はありますか？

ウ ヴァス イェースチ　　ラスピ**サー**ニエ
У вас есть расписание?

□ これはどこ行きですか？

ク**ダー**　オン イ**ヂョー**ト
Куда он идёт?

□ このバスはターミナル駅に行きますか？

エータット　アフ**トー**ブス　イ**ヂョー**ト　ダ　　ヴァグ**ザー**ラ
Этот автобус идёт до вокзала?

□ すみません，通してください。

イズヴィ**ニー**チェ　　**モー**ジナ　　プライ**チー**
Извините. **Можно** пройти?

□ 駅が近づいたら教えていただけますか。

スカ**ジー**チェ　　ムニェー　　パ**ジャー**ルスタ　　カグ**ダー**
Скажите мне, пожалуйста, когда

ブーヂィト　　ヴァグ**ザー**ル
будет вокзал.

□ 降ります。

ヤ　　ヴィハ**ジュー**
Я выхожу.

混んでいる時 バスや電車から下車する際に言います。
一言かけるのがマナー。

■交通機関

タクシー
タク**シ**ー
такси

運転手
ヴァ**ヂー**チリ
водитель

タクシー乗り場
スタ**ヤー**ンカ　タク**シ**ー
стоянка такси

トランク
バ**ガー**ジニク
багажник

料金メーター
シ**ショー**ッチク
счётчик

空車
スヴァ**ボー**ドナエ　タク**シ**ー
свободное такси

回送
アトプ**ラー**フカ　ビス　パッサ**ジー**ラ
отправка без пассажира

駅
ス**ター**ンツィヤ
станция

プラットホーム
プラト**フォー**ルマ
платформа

ターミナル駅
ヴァグ**ザー**ル
вокзал

出発
アトプラヴ**リェー**ニエ
отправление

到着
プリ**ブィ**チエ
прибытие

時刻表
ラスピサーニエ
расписание

一等車
リュクス
люкс

二等車
クピェー
купе

運賃
ストーイマスチ　プライェーズダ
стоимость проезда

寝台車
スパーリヌィ　ヴァゴーン
спальный вагон

切符売り場
ビリェートナヤ　カーッサ
билетная касса

改札口
トゥルニキェート
турникет

地下鉄
ミトゥロー
метро

路線図
スヒェーマ　リーニィ
схема линий

乗り換え
ピリサートカ
пересадка

バス
アフトーブス
автобус

車掌
カンドゥークタル
кондуктор

PART 4

すぐに話せる！ロシア旅行重要フレーズ

15 Урок ホテルで 〈チェックイン〉

ショート対話

☐ A: ようこそ。

ダブ**ロー**　　　パジャーラヴァチ
Добро пожаловать!

☐ B: チェックインをお願いします。

ザリギスト**リー**ルイチェ　　　　パ**ジャー**ルスタ
Зарегистрируйте, пожалуйста.

☐ B: 私の名前はタナカアヤカです。

ミ**ニャー**　　ザ**ヴー**т　　アヤカ　　タナカ
Меня зовут Аяка Танака.

関連表現・事項

◇ 空き部屋はありますか？

ウ　ヴァス　イェスチ　　スヴァ**ボー**дヌィ　　　**ノー**ミл
У вас есть свободный номер?

◇ はい, あります。

ダー　　イェースチ
Да, есть.

◇ 残念ながらありません。

ク　　サジ**リェー**ニユ　　ニェット
К сожалению, нет.

すぐに使えるフレーズ

□ 予約の控えはお持ちですか？

ウ　ヴァス　イェスチ　　パットヴィルジ**チェー**ニエ
У вас есть подтверждение

プラ**ニー**ラヴァニヤ
бронирования?

□ 少々お待ちください。

アドゥ**ヌー**　ミ**ヌー**トゥ
Одну минуту.

□ A: まずこちらの空欄に記入してください。

スナ**チャー**ラ　　ザパル**ニー**チェ　　**エー**タット　ブラーンク
Сначала заполните этот бланк.

□ B: これでよろしいですか？

ターク　　ハラ**ショー**
Так хорошо?

□ A: 結構です。

ダー　　　ハラ**ショー**
Да, хорошо.

□ 貴重品を預かっていただけますか？

モージナ　リ　アスターヴィチ　ナ　フラニェーニエ
Можно ли оставить на хранение

ツェーンヌィエ　ヴェーシイ
ценные вещи?

□ 日本語を話せる人はいますか？

クトーニブーチ　　ガヴァリート　　パイポーンスキ
Кто-нибудь говорит по-японски?

□ チェックアウトは何時ですか？

ヴァ　スコーリカ　ナーダ　アスヴァバヂーチ　ノーミル
Во сколько надо освободить номер?

□ 朝食は何時にとれますか？

カグダー　ナチナーイェツァ　ザーフトラック
Когда начинается завтрак?

発音注意！

□ 何か伝言が私にありますか？

イェースチ　リ　シトータ　ドゥリャ　ミニャー
Есть ли что-то для меня?

□ 明朝早くホテルを発たなければなりません。

ヤー　ドールジン　ダルジナー　ウイェーハチ　ザーフトラ　ラーナ
Я [должен / должна] уехать завтра рано

ウートラм
утром.

□ 1日早く発ちたいのですが。

ヤー　ハチェール　ハチェーラ　ブィ　ウイェーハチ　ナ　ヂェーニ　ラーニシェ
Я [хотел / хотела] бы уехать на день раньше.

□ もう1泊したいのですが。

ヤー　ハチェール　ハチェーラ　ブィ　プラドリーチ　プラジヴァーニエ
Я [хотел / хотела] бы продлить проживание

ナ　アドニー　スートゥキ
на одни сутки.

Урок 16 ホテルで〈フロントとのやりとり①〉

ショート対話

☐ A: エアコンがこわれています。

カンヂツィオ**ニェー**ル　ニェ　ラボー**タイ**ット
Кондиционер не работает.

☐ B: お部屋番号は何番ですか？

カ**コー**イ　ヴァーシ　**ノー**ミル
Какой ваш номер?

☐ A: こちらは105号室です。

エータ　**ノー**ミル　ストー　ピャーチ
Это номер сто пять.

☐ B: 修理に向かわせます。

ヤー　プリシュ**リュー**　**マー**スチラ
Я пришлю мастера.

関連表現・事項

◇ コーヒーをお願いします。

プリニ**スィー**チェ　パジャールスタ　**コー**フェ
Принесите, пожалуйста, кофе.

すぐに使えるフレーズ

☐ ちょっと待ってください。

パダジ**チー**チェ　　　パ**ジャー**ルスタ
Подождите, пожалуйста.

☐ 部屋の中にカギを忘れました。

ヤー　アス**ター**ヴィル　　アス**ター**ヴィラ　　クリューチ　ヴ　**ノー**ミリェ
Я [оставил / оставила] ключ в номере.

☐ 禁煙の部屋をお願いします。

ヤー　ハ**チェー**ル　　ハ**チェー**ラ　　ブイ　**ノー**ミル　ドゥリャ　ニクゥ**リャー**シィフ
Я [хотел / хотела] бы номер для некурящих.

☐ トイレが詰まっています。

トゥア**レー**ト　　ザサ**リョー**ン
Туалет засорён.

17 Урок ホテルで〈フロントとのやりとり②〉

よく使う表現

□ お湯が出ません。

ウ　ミニャー　ニェット　ガリャーチェイ　ヴァドィ
У меня нет горячей воды.

□ 部屋の明かりがつきません。

スヴェート　ニェ　フクリュ**チャー**ィッツァ
Свет не включается.

□ テレビが故障しています。

チリヴィーザル　　ニェ　ラボータイット
Телевизор не работает.

関連表現・事項

◇ トラベラーズチェックは使えますか？

ヴィ　　プリニ**マー**イチェ　　ダ**ロー**ジヌィエ　**チェー**キィ
Вы принимаете дорожные чеки?

すぐに使えるフレーズ

☐ チェックアウトお願いします。

ヤー　ウィ**ジャー**ユ
Я уезжаю.

☐ カードで払います。

ヤー　ザプラ**チュー**　クレ**ヂー**トナイ　**カー**ルタチカイ
Я заплачу кредитной карточкой.

☐ 領収書をください。

クヴィ**ター**ンツィユ　パ**ジャー**ルスタ
Квитанцию, пожалуйста.

☐ 部屋に忘れ物をしました。

ヤー　ザ**ブィ**ル　ザ**ブィ**ラ　コエシトー　ヴ　**ノー**ミリェ
Я [забыл / забыла] кое-что в номере.

☐ タクシーを呼んでください。

ヴィザヴィチェ　パ**ジャー**ルスタ　ム**ニェー**　タク**シー**
Вызовите, пожалуйста, мне такси.

■ホテル

受付
アドミニスト**ラ**ーツィヤ
администрация

支配人
ヂ**リェ**ークタル
директор

ガス**チ**ーニッツィ
гостиницы

セーフティボックス
セーイフ
сейф

貴重品
ツェーンヌィエ **ヴェ**ーシィ
ценные вещи

荷物
バ**ガ**ーシ
багаж

鍵
ク**リュ**ーチ
ключ

シングルルーム
アドナ**ミェ**ースヌィ　　**ノ**ーミル
одноместный номер
　　　　　よまない

ツインルーム
ドヴナ**ミェ**ースヌィ　　**ノ**ーミル
двухместный номер
　　　　　よまない

ダブルルーム
ノーミル　ナ　ドゥヴァ**イフ**
номер на двоих

ズドゥヴス**パ**ーリナイ
с двуспальной

クラ**ヴァ**ーチュ
кроватью

シーツ
プラスティ**ニャ**ー
простыня

タオル
パラ**チェ**ーンツェ
полотенце

ドライヤー
フェーン
фен

バスタオル
バーンナエ　パラチェーンツェ
банное полотенце

トイレットペーパー
トゥアリェートナヤ　ブマーガ
туалетная бумага

バスタブ
ヴァーンナ
ванна

シャワー
ドゥーシュ
душ

トイレ
トゥアリェート
туалет

部屋
コームナタ
комната

宿泊者カード
プローブスク
пропуск

チェックイン
リギストゥラーツィヤ
регистрация

チェックアウト
ヴィピスカ　イズ
выписка из
ガスチーニッツィ
гостиницы

チップ
チィヴィーエ
чаевые

エレベーター
リィーフト
лифт

18 Урок レストランで

ショート対話

□ A: あいにく今満席です。お待ちいただけますか？

イズヴィ**ニー**チェ　ヴィ　ニ　マグ**リー**　ブィ　パダジ**ダー**チ
Извините. Вы не могли бы подождать?

□ B: どのくらい待ちますか？

ス**コー**リカ
Сколько?

□ A: およそ 20～30 分です。

ドゥ**ヴァー**ツィチ　トゥ**リ**ツィチ　ミ**ヌー**トゥ
Двадцать-тридцать минут.

関連表現・事項

■ 予約するとき

「ドレスコードはありますか？」

ウ　ヴァス　イェースチ　ドレスコート
У вас есть дресс-код?

すぐに使えるフレーズ

【店を探す】

□ あまり高くないレストランがいいのですが。

ムニェー ヌージィン ニダラゴーイ リスタラーン
Мне нужен недорогой ресторан.

□ この土地の名物料理が食べたいのですが。

ヤー ハチェール ハチェーラ ブイ パプローバヴァチ
Я [хотел / хотела] бы попробовать

ミェースヌィエ ブリューダ
местные блюда.
   よまない

□ この近くのおいしいレストランはどこですか？

グヂェー パブリーザスチ ハローシイ リスタラーン
Где поблизости хороший ресторан?

□ 一緒に夕食をしましょう。

パウージィナェム ヴミェースチェ
Поужинаем вместе.

□ 喜んで。

スダヴォーリストヴィエм
С удовольствием.
   つづけてよむ

【入店して】

□ こんばんは。予約してあるヤマモトです。

ドーブルィ　ヴェーチェル　ヤー　ザカーズィヴァル　ストーリク
Добрый вечер. Я заказывал столик

ナ　　ファミーリユ　　ヤマモト
на фамилию Ямамото.

□ 窓側の席はありますか？

ヤー　ハチェール　ハチェーラ　ブィ　ミェースタ　ウ　アクナー
Я [хотел / хотела] бы место у окна.

□ ワインリストを見せてほしいのですが。

モージナ　ミェニュー　ヴィン
Можно меню вин?

□ A: お飲み物は何がいいですか？

シトー　ヴイ　ハチーチェ　ピーチ
Что вы хотите пить?

□ B: 白ワインをください。

ビェーラエ　　ヴィノー　　　　パジャールスタ
Белое вино, пожалуйста.

□ ミネラルウォーターをください。

ダーイチェ　ムニェー　　　パジャールスタ　　　　　ミニェ**ラー**リヌユ
Дайте мне, пожалуйста, минеральную

ヴォードゥ
воду.

□ 炭酸なしのものをお願いします。

ビィズ　　**ガー**ザ　　　パジャールスタ
Без газа, пожалуйста.

□ ビールを飲みましょう！

ダ**ヴァー**イチェ　　ヴィピェン　　ピーヴァ
Давайте выпьем пиво!

□ 友情に乾杯！

ダ**ヴァー**イチェ　　**ヴィ**ピェン　　ザ　　ドゥ**ルー**ジュブ
Давайте выпьем за дружбу!

【オーダーするとき】

□ メニューを見せてください。

ダーイチェ　パジャールスタ　ミェ**ニュー**

Дайте, пожалуйста, меню.

□ おすすめは何ですか？

シトー　ヴィ　パサ**ヴェー**トゥイエチェ

Что вы посоветуете?

□ （メニューを指して）これをください。

ムニェー　**エー**タ　パジャールスタ

Мне это, пожалуйста.

□ ちょっと待ってください。

パダジュ**ヂー**チェ　ミ**ヌー**トクゥ

Подождите минутку.

□ 何か早くできる物はありますか？

カ**キー**イェ　ブ**リュー**ダ　ヴィ　**モー**ジチェ　**ブ**イストラ

Какие блюда вы можете быстро

パ**ダー**チ

подать?

□ これは何ですか？

シトー　エータ
Что это?

□ どんな味ですか？

カーク　エータ　ナ　フ**クー**ス
Как это на вкус?

□ あれと同じものをください。

ヤー　ハ**チェ**ール　　ハ**チェ**ーラ　ブイ　トー　ジェ　**サー**マエ
Я [хотел / хотела] бы то же самое.

□ 少々お待ちください。

パダジ**ヂー**チェ　　ニム**ノー**ガ
Подождите немного.

□ 今持ってきます。

シ**チャ**ース　　プリニ**スー**
Сейчас принесу.

□ ビーフ・ストロガノフをください。

Дайте, пожалуйста, один
ダーイチェ　　パジャールスタ　　アヂーン

бефстроганов.
ビフストローガナフ

□ ステーキの焼き加減はどのようにしますか？

Как вам приготовить мясо?
カーク　ヴァム　プリガトーヴィチ　ミャーサ

「レア」	**с кровью** ス クローヴィユ
「ミディアム」	**средне прожаренное** スリェドゥニェ　プラジャーリンナエ
「ウェルダン」	**хорошо прожаренное** ハラショー　プラジャーリンナエ

【店員との会話】

□ すみません。（ウェイトレスへの呼びかけ）

チェーヴシカ
Девушка!

□ 塩をください。

ダーイチェ　　　パジャールスタ　　　ソーリ
Дайте, пожалуйста, соль.

□ 砂糖をください。

ダーイチェ　　　パジャールスタ　　　サーハル
Дайте, пожалуйста, сахар.

□ 料理がまだ来ないのですが。

マヨー　ブリューダ　イショー　ニ　プリニスリー
Моё блюдо ещё не принесли.

□ これは頼んでいません。

エータ　ニ　トー　シトー　ヤー　ザカーズィヴァル　　　ザカーズィヴァラ
Это не то, что я [заказывал / заказывала].

□ デザートには何がありますか？

シトー ウ ヴァス イェースチ ナ チセールト
Что у вас есть на десерт?

□ まだ食べています。

ヤー イシショー イェーム
Я ещё ем.

□ さげてください。

ウビィリーチェ パジャールスタ
Уберите, пожалуйста.

□ とてもおいしかったです。

ブィラ オーチニ フクースナ
Было очень вкусно.

【勘定する】

□ お勘定をお願いします。

　　ダーイチェ　　パジャールスタ　　シショート
Дайте, пожалуйста, счёт.

□ カードで支払えますか？

　　モージナ　　リ　　ラシターッツァ　　クレヂートナイ
Можно ли рассчитаться кредитной

　　カールタチカイ
карточкой?

□ 領収書をください。

　　クヴィターンツィユ　　　パジャールスタ
Квитанцию, пожалуйста.

□ おつりが違っています。

　ヴィ　　ダーリ　　ムニェー　ズダーチュ　　ニプラーヴィリナ
Вы дали мне сдачу неправильно.

■レストラン

食堂
スタ**ロー**ヴァヤ
столовая

ウエイター
アフィツィ**アー**ント
официант

ウエイトレス
アフィツィ**アー**ントカ
официантка

カフェ・カフェテリア
カ**フェ**ー
кафе

日本料理
イ**ポー**ンスキエ　ブ**リュー**ダ
японские блюда

ロシア料理
ルースキエ　ブ**リュー**ダ
русские блюда

テイクアウト
ス　サ**ボー**イ
с собой

禁煙席
ミェースタ　ド**リャ**　ニクゥ**リャー**シフ
место для некурящих

喫煙席
ミェースタ　ド**リャ**　クゥ**リャー**シフ
место для курящих

満席
ミェーストニェット
мест нет

皿
タ**リェー**ルカ
тарелка

スプーン
ローシュカ
ложка

ナプキン
サル**フェー**トカ
салфетка

フォーク
ヴィールカ
вилка

ナイフ
ノーシュ
нож

ビール
ピーヴァ
пиво

ワイン
ヴィ**ノー**
вино

ウォッカ
ヴォートカ
водка

ミネラルウォーター（炭酸）
ガズィ**ロー**ヴァンナヤ
газированная

ミニェ**ラー**リナヤ　ヴァ**ダー**
минеральная вода

コーヒー
コーフェ
кофе

紅茶
チョールヌィ　チャーイ
чёрный чай

ボルシチ
ボールシ
борщ

パン
フリェープ
хлеб

バター
マースラ
масло

コショウ
ピェーレッツ
перец

塩
ソーリ
соль

ビーフストロガノフ
ビフストローガノフ
бефстроганов

オードブル
ザクースカ
закуска

ハンバーガー
ガームブルゲル
гамбургер

ピロシキ
ピラジョーク
пирожок

ポテトサラダ
サラート スタリーチヌイ
салат столичный

ローストビーフ
ローストビフ
ростбиф

サラダ
サラートィ
салаты

デザート
ヂセールトィ
десерты

ケーキ
ピロージナエ　トールト
пирожное / торт

牛肉
ガヴァーヂナ
говядина

ソーセージ
カルバサー
колбаса

鶏肉
クーリツァ
курица

ハム
ヴィッチ**ナー**
ветчина

豚肉
スヴィ**ニー**ナ
свинина

ベーコン
ビェ**コー**ン
бекон

魚
ル**ィー**バ
рыба

イカ
カリ**マー**ル
кальмар

サケ
ショームガ
сёмга

エビ
クリ**ヴェー**トカ
креветка

カニ
ク**ラー**プ
краб

キャビヤ
チョールナヤ　イク**ラー**
чёрная икра

キノコ
グリ**ブィ**
грибы

チーズ
ス**ィー**ル
сыр

ペリメニ
ピリ**メー**ニ
пельмени

19 урок　ファストフードで

ショート対話

□ A: こちらでお召し上がりですか？

ヴィ　**ブー**ヂチェ　イェースチ　ズヂェーシ
Вы будете есть здесь?

□ B: はい，ここで食べます。

ヤー　**ブー**ドゥ　イェースチ　ズヂェーシ
Я буду есть здесь.

□ B: いいえ，持ち帰ります。

ニェット　ヤー　ヴァズィ**ムー**　ス　サ**ボー**イ
Нет, **я** возьму с собой.

関連表現・事項

　　　　　　　　　ヴァ**ニー**リナエ　　　マ**ロー**ジナエ
◇ バニラアイス　**ванильное мороженое**

　　　　　　　　　シャカ**ラー**ドナエ　　　マ**ロー**ジナエ
◇ チョコアイス　**шоколадное мороженое**

　　　　　　　　　クルブ**ニー**チナエ　　　マ**ロー**ジナエ
◇ いちごアイス　**клубничное мороженое**

すぐに使えるフレーズ

□ コースメニューはありますか？

ウ　ヴァス　イェースチ　ヴ　メェ**ニュー**　　**コーム**プリクスヌィ　　ア**ビェ**ート
У вас есть в меню комплексный обед?

□ シャウルマをください。

ダーイチェ　　　パ**ジャー**ルスタ　　　シャ**ウー**ルムゥ
Дайте, **пожалуйста**, шаурму.

□ フライドポテトをください。

カル**トー**フェリ　　フリー　　パ**ジャー**ルスタ
Картофель фри, **пожалуйста**.

□ ケチャップはありますか？

ウ　ヴァス　イェースチ　**ケー**チュップ
У вас есть кетчуп?

□ マヨネーズはありますか？

ウ　ヴァス　イェースチ　　マヤ**ネー**ス
У вас есть майонез?

20 Урок ショッピング〈品物を探す〉

ショート対話

□ A: いらっしゃいませ。

ズドラーストヴィチェ
Здравствуйте.

□ B: ちょっとマトリョーシカを見たいのですが。

ヤー ハチュー パスマトリェーチ マトリョーシキ
Я хочу посмотреть матрёшки.

□ B: 見ているだけです。

ヤー トーリカ スマトリュー
Я только смотрю.

関連表現・事項

◇ 絵はがきを買いたいのですが。
ヤー ハチュー クピーチ アトクルィトキ
Я хочу купить открытки.

時計	栓抜き
チスィ	アトクルィヴァールキ
часы	**открывалки**

すぐに使えるフレーズ

□ 何をさしあげましょうか？

シトー　ヴァム　　プリドゥラ**ジー**チ
Что вам предложить?

□ マトリョーシカはどこで売っていますか？

グ**ヂェー**　プラダ**ユー**ツァ　　マト**リョー**シキ
Где продаются матрёшки?

□ A: 他のものがありますか？

イェースチ　シ**トー**ニブーチ　ドゥル**ゴー**エ
Есть что-нибудь другое?

□ B: はい，あります。

ダー　イェースチ
Да, есть.

□ B: ありません。

ニェット
Нет.

□ ちょっといいですか？

モージナ　　ヴァス　ナ　　ミヌータチク
Можно вас на минуточку?

□ A: すみませんが，そのサモワールを見せてもらえますか？

イズヴィニーチェ　　　モージナ　　　パスマトリェーチ　　　エータト
Извините, **можно** посмотреть этот

サマヴァール
самовар?

□ B: どうぞ。

ヴォト　　　パジャールスタ
Вот, **пожалуйста**.

□ これを見せてください

パカジーチェ　　　　パジャールスタ　　　エータ
Покажите, **пожалуйста**, это.

□ 男性用ですか？

ドゥリャ　　ムシシーヌィ
Для мужчины?

発音注意

- □ 女性用ですか？

ドゥリャ　ジェーンシシヌィ
Для женщины?

- □ 何歳用ですか？

ドゥリャ　カコーヴァ　ヴォーズラスタ
Для какого возраста?

- □ 何て素敵な香水なんでしょう！

カキーイェ　プリクラースヌィエ　ドゥヒー
Какие прекрасные духи!

【試着】

- □ 試着してもいいですか？

モージナ　プリミェーリチ
Можно примерить?

- □ 試着室はどこですか？

グヂェー　プリミェーラチナヤ
Где примерочная?

☐ 大きすぎます。

スリーシカム　　　バリショーィ
Слишком большой.

☐ 小さすぎます。

スリーシカム　　　マーリンキー
Слишком маленький.

☐ もう少し安いのを見せてください。

パカジーチェ　　　パジャールスタ　　　パチシェーヴリェ
Покажите, пожалуйста, подешевле.

☐ これは気に入りません。

エータ　ムニェー　ニ　ヌラーヴィッツァ
Это мне не нравится.

☐ 他のを見せてください。

パカジーチェ　　　パジャールスタ　　　ドゥルゴーエ
Покажите, пожалуйста, другое.

□ これをください。

ダーィチェ　エータ
Дайте это.

□ これをもらいます。

ヤー　ヴァズィ**ムー**　エータ
Я возьму это.

□ いりません。

ニェ　**ヌー**ジナ
Не нужно.

□ A: お求めになりますか？

ヴァズィ**ミョー**チェ
Возьмёте?

□ B: はい，もらいます。

ダー　ヴァズィ**ムー**
Да, возьму.

21 Урок ショッピング〈支払い〉

ショート対話

□ A: これはいくらですか？

スコーリカ　エータ　ストーイト
Сколько это стоит?

□ B: 380 ルーブル（ルーブリ）です。

トゥリスタ　ヴォースィミヂスィト　ルゥブリェィ
Триста восемьдесят рублей.

□ A: 安くしてもらえませんか？

イェースチ　スキートカ
Есть скидка? ← 割引

関連表現・事項

◇ 試してもいいですか？

モージナ　パプローバヴァチ
Можно попробовать?

◇ ご遠慮ください。

ニェット　ニェ　ナーダ
Нет. Не надо.

すぐに使えるフレーズ

☐ レジはどこですか？

<ruby>グヂェー</ruby> <ruby>カーッサ</ruby>
Где касса?

☐ 値段を書いてください。

<ruby>ナピシーチェ</ruby> <ruby>ツェーヌー</ruby>
Напишите цену.

☐ 領収証をください。

<ruby>ダーィチェ</ruby> <ruby>パジャールスタ</ruby> <ruby>チェーク</ruby>
Дайте, пожалуйста, чек.

☐ ありがとうございます。

<ruby>スパスィーバ</ruby>
Спасибо.

☐ これを返品したいのですが。

<ruby>ヤー</ruby> <ruby>ハチュー</ruby> <ruby>ズダーチ</ruby> <ruby>エータ</ruby> <ruby>アブラートナ</ruby>
Я хочу сдать это обратно.

PART 4
すぐに話せる！ロシア旅行重要フレーズ

■ショッピング

デパート
ウニヴィルマーク
универмаг

スーパーマーケット
ウニヴィルサーム
универсам

市場
ルィナク
рынок

オーバーコート
パリ**トー**
пальто

レインコート
プ**ラー**シ
плащ

ジャンパー
クールトゥカ
куртка

アウター
コーフタ
кофта

ワンピース
プ**ラー**チエ
платье

スーツ
カス**チュー**ム
костюм

上着
ピッ**ジャー**ク
пиджак

スカート
ユープカ
юбка

ズボン
ブ**リュー**キ
брюки

ワイシャツ
ル**バー**シカ
рубашка

ブラウス
ブ**ルー**スカ
блузка

運動靴
クラ**ソー**フキ
кроссовки

セーター
ス**ヴィー**チル
свитер

ベスト（チョッキ）
ジ**リェー**トゥ
жилет

靴下
ナス**キー**
носки

ハイソックス
ゴーリフィ
гольфы

ストッキング
カル**ゴー**トゥキイ
колготки

ネクタイ
ガールストゥク
галстук

156

ベルト
リメェーニ
ремень

ボタン
プーガヴィッツァ
пуговица

ポケット
カルマーン
карман

帽子（つば有り）
シリャーパ
шляпа

帽子（つば無し）
シャープカ
шапка

手袋（複）
ピルチャートキイ
перчатки

マフラー
シャールフ
шарф

ハンカチ
プラトーク
платок

ネックレス
アジリェーリエ
ожерелье

指輪
カリツォー
кольцо

ブローチ
ブローシカ
брошка

財布
カシリョーク
кошелёк

財布（札入）
ブマージニク
бумажник

靴（一般的な）
オーブフィ
обувь

女性用サンダル
バサノーシキ
босоножки

スリッパ／サンダル
ターパチキ
тапочки

PART 4

すぐに話せる！ロシア旅行重要フレーズ

22 Урок 観光する・道をたずねる

ショート対話

□ A: ヴェルニサージュはどこですか？

グヂェー　ナ**ホー**ヂッツァ　ヴィルニ**サー**シュ
Где находится Вернисаж?

□ B: まっすぐ行ってください。

イ**ヂー**チェ　プリャーマ
Идите прямо.

□ B: 右に行ってください。

イ**ヂー**チェ　ナプラーヴァ
Идите направо.

□ B: 左に行ってください。

イ**ヂー**チェ　ナリェーヴァ
Идите налево.

関連表現・事項

◇ ここです。
ズヂェーシ
Здесь.

◇ ほら，あそこです。
ヴォン　ターム
Вон там.

◇ 上の方です。
ナヴェル**フー**
Наверху.

◇ 下の方です。
ヴニ**ズー**
Внизу.

すぐに使えるフレーズ

□ 参りましょう。ご案内します。

<small>イヂョームチェ　ヤ　ヴァム　パカジュー</small>
Идёмте. Я вам покажу.

□ ちょっとおたずねします。

<small>スカジーチェ　　　パジャールスタ</small>
Скажите, пожалуйста.

□ 観光ツアーに参加したいのですが。

<small>ヤー　ハチュー　パイェーハチ　ナ　エクスクールスィユ</small>
Я хочу поехать на экскурсию.

□ ちょっとすみません。

<small>ブッチェ　ダブルィ</small>
Будьте добры.

□ どうぞ。

パジャールスタ
Пожалуйста.

□ A: なにかご用ですか？

ヤー　ヴァス　ス**ルー**シャユ
Я вас слушаю.

聞いてますよ。という意、

□ B: ここはどこですか？

グヂェーヤー　シィ**チャー**ス　ナハ**ジュー**スィ
Где я сейчас нахожусь?

私は今どこにいますか？

□ A: この辺のどこにトイレがありますか？

グヂェー　ズヂェーシ　トゥア**リェー**ト
Где здесь туалет?

□ B: すみません，私も知りません。

イズヴィ**ニー**チェ　ヤー　ニ　ズ**ナー**ユ
Извините, я не знаю.

160

□ ここから遠いですか？

ダリ**コー**　アト**スュー**ダ
Далеко отсюда?

□ A: 歩いてどのくらいかかりますか？

ス**コー**リカ　ヴ**リェー**ミニ　イッ**チー**　ピシ**コー**ム
Сколько времени идти пешком?

□ B: 案内します。

ヤー　ヴァム　パカ**ジュー**
Я вам покажу.

□ A: この近くでカフェテリアはどこですか？

グ**チェー**　ズ**チェー**シ　カ**フェー**
Где здесь кафе?

□ B: 図書館の隣にあります。

リャーダム　ズ　ビブリア**チェー**カイ
Рядом с библиотекой.

□ A: そこは遠いのですか？

エータ　　ダリコー
Это далеко?

□ B: いいえ，近いです。

ニェット　　ブリースカ
Нет, близко.

□ 歩いて行けますか？

モージナ　　リ　　ダイチー　　ピシュコーム
Можно ли дойти пешком?

□ A: これはトヴェーリ通りですか？

エータ　ウーリツァ　　トヴェルスカーヤ
Это улица Тверская?

□ B: はい。ここはトヴェーリ通りですよ。

ダー　エータ　ウーリツァ　　トヴェルスカーヤ
Да, это улица Тверская.

□ A: ありがとうございます。

スパ**スィ**ーバ
Спасибо.

【観光する〈美術館・博物館〉】

□ 入場料はいくらですか？

ス**コー**リカ　　ス**トー**イト　　フハドゥ**ノー**イ　　ビ**リェー**ト
Сколько стоит входной билет?

□ あの絵を描いたのは誰ですか？

ク**トー**　　ナリサ**ヴァー**ル　　**エー**トゥ　　カル**チー**ヌゥ
Кто нарисовал эту картину?

□ ここには何か有名な作品がありますか？

カ**キー**イェ　　イズ**ヴェー**スヌィエ　　プライズヴィ**チェー**ニヤ
Какие известные произведения
　　　　　　　　　　　↳よまない
ズヂェーシ　イェースチ
здесь есть?

□ 博物館のパンフレットはありますか？

ウ　ヴァス　イェースチ　　ブラ**シュー**ラ　　**エー**タヴァ　　ム**ゼー**ヤ
У вас есть брошюра этого музея?

□ 展示物のカタログはありますか？

ウ　ヴァス　イェースチ　　カタ**ロー**ク　　　エクスパ**ズィー**ツィイ
У вас есть каталог экспозиций?

□ いつごろ建てられたのですか？

カグ**ダー**　　　パスト**ロー**イリ
Когда построили?

【写真を撮る】

□ A: 写真を撮っていただけますか？

ヴィ　ニ　　スファタグラ**フィー**ルイェチェ　　ミ**ニャ**ー
Вы не сфотографируете меня?

□ B: 喜んで。

ス　　ウダ**ヴォー**リストヴィエム
С удовольствием.

□ 写真を撮ってもいいですか？

モージナ　　　　スファタグラ**フィー**ラヴァチ
Можно сфотографировать?

□ 一緒に写真に入っていただけますか？

ヴィ　ニ　　マグ**リー**　ブィ
Вы не могли бы

スファタグラ**フィー**ラヴァッツァ　　サ　ム**ノー**イ
сфотографироваться со мной?

□ フラッシュ禁止です。

ザプリシ**シャー**ェッツァ　　ファタグラ**フィー**ラヴァチ　　サ
Запрещается фотографировать со

フス**プィ**シカイ
вспышкой.

PART 4

すぐに話せる！ロシア旅行重要フレーズ

165

23 Урок 観戦・観劇

ショート対話

□ A: 空いている席はありますか？

イェースチ　スヴァ**ボー**ドヌィエ　ミ**ス**ター
Есть свободные места?

□ B: あります。

ダー　イェースチ
Да, есть.

□ A: トイレはどこですか？

グヂェー　トゥア**リェー**ト
Где туалет?

□ B: 1階です。

ナ　ピェー**ル**ヴァム　エタ**ジェー**
На первом этаже.

関連表現・事項

◇ 今日のコンサートの切符はまだありますか？

ウ　ヴァス　イ**ショー**　ア**ス**ターリシ　ビ**リェー**トィ　ナ
У вас ещё остались билеты на

スィ**ヴォー**ドニシニィ　カン**ツェー**ルト
сегодняшний концерт?

発音注意！

すぐに使えるフレーズ

☐ A: 映画に行きましょう！

ダ**ヴァー**ィチェ　パイ**ヂョー**ム　フ　キ**ノー**
Давайте пойдём в кино!

☐ B: いいですね！

ハラ**ショー**
Хорошо!

☐ A: ボリショイ劇場はどこですか？

グ**ヂェー**　ナ**ホー**ヂィッツァ　バリ**ショー**イ　チ**アー**トル
Где находится Большой театр?

☐ B: あそこです。

タム
Там.

☐ チケットは１枚いくらですか？

ス**コー**リカ　ス**トー**イト　ビ**リェー**ト
Сколько стоит билет?

☐ ３列目の切符を買います。

ヤー　ヴァズィ**ムー**　ビ**リェー**トィ　フ　トゥ**レー**チェム　リ**ドゥー**
Я возьму билеты в третьем ряду.

↳ 特殊な前置格形です。

PART 4
すぐに話せる！ロシア旅行重要フレーズ

□ 今日は何をやっていますか？

<small>シトー　イヂョート　シヴォードニャ</small>
Что идёт сегодня?

□ コンサートは何時に始まりますか？

<small>カグダー　　　ナチナーエッツァ　　　カンツェールト</small>
Когда начинается концерт?

□ 予約をお願いします。［男］

<small>ヤー　ハチェール　ブィ　　ザカザーチ　　ビリェートィ</small>
Я хотел бы заказать билеты.

□ A: 大人2枚お願いします。

<small>ドヴァ　　ビリェータ　　　パジャールスタ</small>
Два билета, **пожалуйста**.

　　　└── 2、3、4の後の名詞は単数生格形。

□ B: かしこまりました。

<small>ハラショー</small>
Хорошо.

☐ 終演は何時ですか？

カグ**ダー**　カン**チャー**エッツァ
Когда кончается?

☐ 入ってもいいですか？

モージナ　ヴァイ**チー**
Можно войти?

☐ A: どの席ですか？

カ**キー**イェ　ミス**ター**
Какие места?

☐ B: 私の席は10番です。

マ**ヨー**　チ**スャー**タェ
Моё десятое.

☐ 私の席に案内してください。

パトスカ**ジー**チェ　パ**ジャー**ルスタ　グチェー　マ**ヨー**
Подскажите, пожалуйста, где моё

ミェースタ
место?

■観光・観戦・観劇

観光案内所
インファルマツィ**オー**ンナエ　ビュ**ロー**
информационное бюро

美術館・博物館
ム**ゼー**イ
музей

クレムリン
ク**リェー**ムリ
Кремль

宮殿
ドヴァ**リェー**ツ
дворец

開館時間
ヴ**リェー**ミャ　アトク**ルィ**チヤ
время открытия

閉館時間
ヴ**リェー**ミャ　ザク**ルィ**チヤ
время закрытия

記念碑
パーミトゥニック
памятник

公園
パールク
парк

劇場
チ**アー**トル
театр

映画館
キナチ**アー**トル
кинотеатр

トイレ
トゥア**リェー**ト
туалет

ポスター／ビラ
ア**フィー**シャ
афиша

信号
スヴィタ**フォー**ル
светофор

街路
ブリ**ヴァー**ル
бульвар

大道り プラス**ピェー**クト **проспект**	海 **モー**リェ **море**
通り **ウー**リッツァ **улица**	川 レ**カー** **река**
橋 **モー**スト **мост**	森 リェース **лес**
広場 プ**ロー**シシッチ **площадь**	市場 ル**ィ**ナック **рынок**
動物園 ザア**パー**ルク **зоопарк**	
教会 **ツェー**ルカフィ **церковь**	
スタジアム スタヂ**オー**ン **стадион**	

24 Урок 両替する

よく使う表現

□ 銀行はどこですか？

グヂェー バーンク
Где банк?

□ ドルを両替したいのですが。

ヤー ハ**チュー** アブミ**ニャー**チ **ドー**ラルィ
Я хочу обменять доллары.

□ 1ドルは何ルーブルですか？

ス**コー**リカ ルブ**リェー**イ ザ ア**ヂー**ン **ドー**ラル
Сколько рублей за один доллар?

рубль の複数生格形

関連表現・事項

◇ 為替レートはいくらですか？

カ**コー**イ **クー**ルス
Какой курс?

◇ 1ルーブル＝100カペイカ

アブ**ミェー**ン ヴァ**リュー**トィ
◇ 両替 **обмен валюты**

すぐに使えるフレーズ

□ このお金をルーブルに両替して下さい。

_{アブミニャーイチェ　　　パジャールスタ　　エーチ　ヂェーニギ}
Обменяйте, пожалуйста, эти деньги

_{ナ　　ルブリー}
на рубли.

□ 小銭に両替してください。

_{ラズミニャーイチェ　　　パジャールスタ　　　ミェーラチユ}
Разменяйте, пожалуйста, мелочью.

□ このトラベラーズチェックを現金にしたいのですが。

_{ヤー　ハチェール　　ハチェーラ　　ブイ　　アブナリーチチ}
Я [хотел / хотела] бы обналичить

_{ダロージヌィ　　チェーク}
дорожный чек.

□ 計算が合っていないように思うのですが。

_{ヴィ　ニ　　アシーブリシ　フ　シショーチェ}
Вы не ошиблись в счёте?

発音注意

□ 計算書をください。

_{クヴィターンツィユ　　　パジャールスタ}
Квитанцию, пожалуйста.

25 Урок　郵便局で

ショート対話

□ A: 郵便局はどこですか？

　　グヂェー　　ズヂェシ　　　ポーチタ
　　Где здесь почта?

□ B: まっすぐ行って，それから右です。

　　イヂーチェ　　プリャーマ　　　パトーム　　　ナプラーヴァ
　　Идите прямо, потом направо.

□ A: 中身は何ですか？

　　シトー　ウ　ヴァス　フ　　パスィルキェ
　　Что у вас в посылке?

□ B: 私物です。

　　エータ　フショー　　リーチヌィエ　　ヴェーシシイ
　　Это всё личные вещи.

関連表現・事項

◇ 外国郵便物

　　　　　メジュドゥナロードナエ　　　　　パチトーヴァエ
　　международное почтовое

　　　アトプラヴリェーニエ
　　отправление

すぐに使えるフレーズ

☐ ポストはどこですか？

グヂェー　ズヂェーシ　パチ**トー**ヴィ　**ヤー**シシク
Где здесь почтовый ящик?

☐ 速達にしてください。

モージナ　アトプ**ラー**ヴィチ　**エー**タ　エクスプ**レ**ス**ポー**チタイ
Можно отправить это экспресс-почтой?

☐ このはがきを日本まで送りたいのですが。

ヤー　ハ**チェー**ル　ハ**チェー**ラ　ブイ　パス**ラー**チ　**エー**トゥ
Я [хотел / хотела] бы послать эту

アトク**ル**ィトクゥ　ヴ　イ**ポー**ニュ
открытку в Японию.

☐ 航空便でお願いします。

アヴィア**ポー**チタイ　パ**ジャー**ルスタ
Авиапочтой, **пожалуйста**.

☐ 普通便でお願いします。

プラス**トー**イ　**ポー**チタイ　パ**ジャー**ルスタ
Простой почтой, **пожалуйста**.

■両替・郵便・電話

【両替】

両替所
アブミェーンヌィ　プーンクト
обменный пункт

額面
クピューラ
купюра

紙幣
バンクノート
банкнот

現金
ナリーチヌィエ　ヂェーニギ
наличные деньги

硬貨
マニェーティ
монеты

手数料
カミーッスィヤ
комиссия

小切手
チェーク
чек

【郵便】

速達
エクスプレス　ポーチタ
экспресс-почта

航空便
アヴィアポーチタ
авиапочта

書留
ザカズナーヤ　ポーチタ
заказная почта

小包
パスィルカ
посылка

封筒
カンヴェールト
конверт

取り扱い注意
アスタ**ロ**ージナ
осторожно

住所
アードリス
адрес

郵便番号
イン**デ**クス
индекс

切手
マールカ
марка

【電話】

電話
チリ**フォー**ン
телефон

公衆電話
チリ**フォー**ンアフタ**マー**ト
телефон-автомат

電話番号
ノーミル　　チリ**フォー**ナ
номер телефона

電話帳
チリ**フォー**ンナヤ　　ク**ニー**ガ
телефонная книга

内線
ダ**バー**ヴァチヌィ　　**ノー**ミル
добавочный номер

テレフォンカード
チリ**フォー**ンナヤ　　**カー**ルタ
телефонная карта

FAX
ファークス
факс

インターネット
インテル**ネー**ト
Интернет

PART 4

すぐに話せる！ロシア旅行重要フレーズ

177

26 Урок 電話

よく使う表現

□ この辺のどこに電話があるのですか？

グヂェー ズヂェーシ チリフォーン
Где здесь телефон?

□ 公衆電話はどこですか？

グヂェー チリフォーンアフタマート
Где телефон-автомат?

□ すみません。

イズヴィニーチェ パジャールスタ
Извините, пожалуйста.

□ 私にはわかりません。

ヤー ニェ ズナーユ
Я не знаю.

■ 携帯電話をあらわすことば

マビーリヌイ チリフォーン マビーリヌイ
мобильный телефон / мобильный /

マビーリニック ソータヴィ チリフォーン
мобильник / сотовый телефон /

ソータヴィ
сотовый

関連用語

すぐに使えるフレーズ

☐ もしもし。

アロー
Алло.

☐ どちら様ですか？

ス キェム ヤー ガヴァリュー
С кем я говорю?

☐ アレクサンドルさんをお願いします。

ヤー ハチェール ハチェーラ ブィ パガヴァリーチ
Я [хотел / хотела] бы поговорить

サリクサーンドラム
с Александром.

☐ もしもし，こちらはヤマシタです。

アロー エータ ガヴァリート ヤマシタ
Алло. Это говорит Ямасита.

☐ はい，もしもし。

ダー スルーシャユ
Да, слушаю.

□ もしもし，マリーヤです。

アロー　　エータ　　ガヴァリート　　マリーヤ
Алло, это говорит Мария.

□ もう少しゆっくり話してください。

ガヴァリーチェ　　　パジャールスタ　　　パミェードリェンニェエ
Говорите, пожалуйста, помедленнее.

□ いつ戻りますか？

カグダー　ヴィルニョーッツァ
Когда вернётся?

□ よろしくと伝えてください。

ピリダーィチェ　　プリヴェート
Передайте привет!

□ もう一度お願いします。

イショー　ラース　　パジャールスタ
Ещё раз, пожалуйста.

□ ごめんなさい。番号を間違えました。

イズヴィニーチェ　ヤー　ニ　トゥダー　　パパール　　パパーラ
Извините. Я не туда [попал / попала].

180

□ 内線 135 番をお願いします。

<small>ダ**バー**ヴァチヌィ　　**ノー**ミル　ア**ヂー**ント トゥリー ピャーチ</small>
Добавочный номер 135,

<small>パ**ジャー**ルスタ</small>
пожалуйста.

— 桁ずつ言えば良い。

□ 20 号室をお願いします。

<small>サイヂ**ニー**チェ　ス　　**コー**ムナタイ　　ド**ヴァー**ッツィチ</small>
Соедините с комнатой 20.

□ 日本に電話をしたいのですが。

<small>ヤー　ハ**チェー**ル　ハ**チェー**ラ　ブィ　パズヴァ**ニー**チ　ヴ</small>
Я [хотел / хотела] бы позвонить в

<small>イ**ポー**ニユ</small>
Японию.

□ コレクトコールで日本に電話をしたいのですが。

<small>ヤー　ハ**チェー**ル　ハ**チェー**ラ　ブィ　ズ**ヂェー**ラチ　スヴァ**ノー**ク</small>
Я [хотел / хотела] бы сделать звонок

<small>ヴ　イ**ポー**ニユ　ザ　**シショー**ト　サベ**セェー**ドゥニカ</small>
в Японию за счёт собеседника.

PART 4

すぐに話せる！ロシア旅行重要フレーズ

181

Урок 27 盗難・紛失

ショート対話

□ A: バックを盗まれました。

Мою сумку украли.
マ**ユー** ス**ー**ムクゥ ウク**ラー**リ

（人々が盗んだ）
（対格形「～を」）

□ B: どんなバックですか？

Какую сумку?
カ**クー**ユ ス**ー**ムクゥ

□ A: 黒いバックです。

Чёрную сумку.
チョ**ー**ルヌユ ス**ー**ムクゥ

関連表現・事項

■警察の名称（2011年まで）

милиция　警察官は **милиционер**
ミ**リー**ツィア　　　　　　　ミリツィア**ニェー**ル

従来の名称も使われています。

すぐに使えるフレーズ

□ 財布をなくしました。

ヤー　　パチリャール　　　パチリャーラ　　　カシェリョーク
Я [потерял / потеряла] кошелёк.

□ パスポートをなくしました。

ヤー　　パチリャール　　　パチリャーラ　　　パースパルト
Я [потерял / потеряла] паспорт.

◇ バッグ　　**сумку** [スームクゥ]
◇ 財布　　　**бумажник** [ブマージニク]
◇ ビデオカメラ　**видеокамеру** [ヴィヂアカーミルゥ]

□ 私はカメラをここに忘れてしまいました。

ヤー　　ザブィル　　　ザブィラ　　　ズヂェシ　　　ファタアパラート
Я [забыл / забыла] здесь фотоаппарат.

◇ タクシーの中に　**в такси** [フタクスィー]
◇ レストランに　　**в ресторане** [ヴリスタラーニェ]

□ カードを無効にしてください。

ザブラキールイチェ　　　パジャールスタ　　　マユー
Заблокируйте, пожалуйста, мою

クリヂートゥヌユ　　カールタチュクゥ
кредитную карточку.

□ 遺失物係はどこですか？

グヂェー　　ビュロー　　　ナホーダク
Где бюро находок?

□ A: 盗難証明書をつくってください。

ダーイチェ　　　パジャールスタ　　　スプラーフクゥ　ア　クラージェ
Дайте, пожалуйста, справку о краже.

□ B: この書類に記入してください。

ザポールニチェ　　　ブラーンク
Заполните бланк.

□ 交通事故が起きました。

プライザシュラー　　アヴァーリヤ
Произошла авария.

□ 警察署はどこですか？

グヂェー　　パリーツィヤ
Где полиция?

☐ 警察を呼んで！

<small>パザ**ヴィー**チェ　パ**リー**ツィユ</small>
Позовите полицию!

☐ 助けて！

<small>パマ**ギィー**チェ</small>
Помогите! ← 手助けしてください

☐ 泥棒！

<small>**ヴォー**ルィ</small>
Воры!

☐ やめて！

<small>ピリス**ター**ニチェ</small>
Перестаньте!

☐ 出ていけ！

<small>ウハ**ヂー**チェ　アト**スュー**ダ</small>
Уходите отсюда!

☐ 危ない！

<small>ア**パース**ナ</small>
Опасно!

УРОК 28 病気・診察・薬局

ショート対話

□ A: こんにちは。

ズド**ラース**トヴィチェ
Здравствуйте.

□ B: どうされましたか？

シトース　**ヴァー**ミ
Что с вами?

□ A: おなかが痛いのです。

バ**リー**ト　ジィ**ヴォー**ト
Болит живот.

□ A: 気分が悪いんです。

ム**ニェー**　プ**ロー**ハ
Мне плохо.

関連表現・事項

■「私は～が痛い」の表現パターン

ウ　ミ**ニャー**　バ**リー**ト
У меня болит ～.

⇒ **болит** は **болеть**［バリェーチ］「痛む」の3人称単数現在

すぐに使えるフレーズ

☐ 薬局はどこですか？

グヂェー　ナホーヂィッツァ　アプチェーカ
Где находится аптека?

☐ 医者を呼んでくれませんか？

ヴィ　モージチェ　ヴィズヴァチ　ヴラチャー
Вы можете вызвать врача?

☐ 病院へ連れて行ってください。

アトヴィズィーチェ　ミニャー　フ　パリクリーニクゥ
Отвезите меня в поликлинику.

☐ 近くに病院はありますか？

イェースチ　パブリーザスチ　パリクリーニカ
Есть поблизости поликлиника?

☐ いっしょに病院へ行きましょう。

パィヂョームチェ　ヴミェースチェ　フ　パリクリーニクゥ
Пойдёмте вместе в поликлинику.

□ ここが痛いのです。

ズヂェーシ　バリート
Здесь болит.

□ 歯が痛いのです。

バリート　ズゥープ
Болит зуб.

□ のどが痛いのです。

バリート　ゴールラ
Болит горло.

□ 頭が痛いのです。

バリート　ガラヴァー
Болит голова.

□ 下痢をしています。

ウ　ミニャー　パノース
У меня понос.

□ 熱があります。

ウ　ミニャー　　　チムピラ**トゥ**ーラ
У меня температура.

□ 私はアレルギー体質です。

ウ　ミニャー　　アリェル**ギー**ヤ
У меня аллергия.

□ 吐き気がします。

ミニャー　　タシュニート
Меня тошнит.

□ 具合が悪いです。

ヤー　プ**ロ**ーハ　スィ**ビ**ャー　**チュー**ストゥヴユ
Я плохо себя чувствую.
　　　　　　　　　　よまない

□ 旅行保険に入っています。

ウ　ミニャー　イェースチ　　トゥリス**チー**チスカヤ　　　ストラ**ホー**フカ
У меня есть туристическая страховка.

■紛失・盗難／病気・診察・薬局

【紛失・盗難】

警察
パリーツィヤ
полиция

警察官
パリ**ツェ**ィスキィ
полицейский

盗難証明書
ス**プラ**ーフカ　ア　ク**ラ**ージェ
справка о краже

住所
アードリス
адрес

電話
チリ**フォ**ーン
телефон

救急
ス**コ**ーラヤ　　**ポ**ーマシ
скорая помощь

日本大使館
イ**ポ**ーンスカエ　　パ**ソ**ーリストヴァ
японское посольство

領事館
コーンスリストヴァ
консульство

【病気・診察・薬局】

病院（入院施設）
バリ二ーッツァ
больница

医師
ヴ**ラ**ーチ
врач

看護師［男／女］
ミドブ**ラ**ート　　　　ミトシスト**ラ**ー
медбрат / медсестра

薬
リ**カ**ールストヴァ
лекарство

処方箋
リ**ツェー**プト
рецепт

注射
ウ**コー**ル
укол

手術
アピ**ラー**ツィア
операция

かぜ
プラス**トゥー**ダ
простуда

食あたり
ピシシィ**ヴォー**エ　アトラヴ**リェー**ニエ
пищевое отравление

ぜんそく
アーストマ
астма

ねんざ
ラスチィ**ジェー**ニエ　ス**ヴャー**ザク
растяжение связок

打撲
ウ**シー**プ
ушиб

骨折
ピリ**ロー**ム　　**コー**スチ
перелом кости

妊娠中
ビ**リェー**ミンナ
беременна

検査
ア**ナー**リス
анализ

嘔吐
ル**ヴォー**タ
рвота

疲労
ウス**ター**ラスチ
усталость

悪寒
アズ**ノー**プ
озноб

ブックデザイン	大郷有紀（ブレイン）
編集協力	ヴェーラ・トゥルヒナ，柴田明子，音玄堂，金素樂
編集担当	斎藤俊樹（三修社）

CD付
バッチリ話せるロシア語

2012年7月20日　第1刷発行

監修者	小林　潔
	ミハイル・トゥルヒーン
発行者	前田俊秀
発行所	株式会社三修社
	〒150-0001　東京都渋谷区神宮前 2-2-22
	TEL 03-3405-4511　FAX 03-3405-4522
	振替 00190-9-72758
	http://www.sanshusha.co.jp/
印刷製本	壮光舎印刷株式会社
CD制作	三研メディアプロダクト 株式会社

©2012 Printed in Japan
ISBN978-4-384-04281-8 C1087

〈日本複製権センター委託出版物〉
本書を無断で複写複製（コピー）することは，著作権法上の例外を除き，禁じられています。本書をコピーされる場合は，事前に日本複製権センター（JRRC）の許諾を受けてください。
JRRC〈http://www.jrrc.or.jp　email:info@jrrc.or.jp　Tel:03-3401-2382〉